나는 너의 하나님이라

열 가지 재앙에 담긴 하나님의 마음
나는 너의 하나님이라

지은이 | 유재명
초판 발행 | 2016. 9. 26
등록번호 | 제1988-000080호
등록된 곳 | 서울특별시 용산구 서빙고로65길 38
발행처 | 사단법인 두란노서원
영업부 | 2078-3352   FAX | 080-749-3705
출판부 | 2078-3331

책 값은 뒤표지에 있습니다.
ISBN 978-89-531-2648-0 03230

독자의 의견을 기다립니다.
tpress@duranno.com   www.duranno.com

두란노서원은 바울 사도가 3차 전도여행 때 에베소에서 성령 받은 제자들을 따로 세워 하나님의 말씀으로 양육하던 장소입니다. 사도행전 19장 8~20절의 정신에 따라 첫째 목회자를 돕는 사역과 평신도를 훈련시키는 사역, 둘째 세계선교(TIM)와 문서선교(단행본잡지) 사역, 셋째 예수문화 및 경배와 찬양 사역, 그리고 가정·상담 사역 등을 감당하고 있습니다. 1980년 12월 22일에 창립된 두란노서원은 주님 오실 때까지 이 사역들을 계속할 것입니다.

열 가지 재앙에 담긴 하나님의 마음
나는 너의 하나님이라

두란노

목차

프롤로그 | 하나님의 마음, 그분의 은혜를 따라 8

Part 1 자기 백성을 기억하시는 하나님

출애굽 리포트 출애굽기 7:1~13
너는 내 백성, 내 소유라 16

모세야, 내가 너와 함께하겠다 | 이스라엘아, 430년 종살이에서 놓여나라 | 마귀의 미혹에는 끝이 있다 | 열 가지 재앙을 통해 네가 나를 알리라

첫 번째 재앙 출애굽기 7:14~25
피, 심판의 시작이자 구원의 여명 34

아버지는 사랑을 억지로 주시지 않는다 | 구원의 역사는 피로 시작된다 | 나일 강에 흐른 그리스도의 보혈

두 번째 재앙 출애굽기 8:1~15
개구리, 바로도 한낱 무력한 사람일 뿐이다 48

"그리하면"이 주는 소망 | 약한 것으로 강한 것을 부끄럽게 하시다 | 진짜 문제를 모르면 해결할 수 없다 | 손바닥으로 하늘을 가리겠느냐

세 번째 재앙 출애굽기 8:16~19
이, 순종 없이 기적은 없다 62

누가 보냈느냐가 중요하다 | 티끌로 티끌을 벌하시다 | 벌레 하나 못 만드는 능력자들 | 순종으로 기적을 경험하라

Part 2 자기 백성을 구별하시는 하나님

네 번째 재앙 출애굽기 8:20~24
파리, 내 백성을 고통 가운데 버려두지 않는다 80

구별하시는 하나님, 안식일의 의미 | 재앙 안에 은총이 있다 | 내 백성과 바로의 백성을 구별하리라

그리스도인의 정체성 출애굽기 8:25~32
너는 하나님께 속한 사람이라 96

마귀의 '적당히'라는 유혹을 경계하라 | 주님과 세상을 동시에 섬길 수 없다 | 순종할 때 놀라운 기적이 일어난다 | 아브라함도, 다윗도 흔들리며 자랐다

다섯 번째 재앙 출애굽기 9:1~7
돌림병, 재앙을 통해 하나님을 알아가다 112

애굽의 자랑, 풍요가 사라지다 | 구별하되 은혜를 베풀리라 | 피할 길을 주시는 하나님 | 상처투성이 손을 내밀어 주님을 붙잡아라

여섯 번째 재앙 출애굽기 9:8~16
악성 종기, 한계를 아는 것이 은혜다 130

인간은 과연 위대한가? | 한계에 부딪혀야 하나님이 보인다 | 하나님의 마음은 초지일관 사랑이다

Part 3 하나님을 알아가는 백성

일곱 번째 재앙 출애굽기 9:18~26
우박, 재앙과 함께 내리는 하나님의 자비 148

재앙에 반응하는 두 가지 자세 | 말씀에 대한 반응이 중요한 이유 | "너는 내 아들, 내 장자"의 의미

하나님의 마음 출애굽기 9:27~35
바로 앞에 선 모세를 보라 160

모세는 바로의 거짓 고백을 판단하지 않는다 | 모세는 현장에 뛰어들어 기도한다 | 모세는 하나님의 마음을 읽는다

여덟 번째 재앙 출애굽기 10:1~11
메뚜기, 영혼의 타협은 인간의 꼼수다 174

분별력을 잃고 완악함만 남은 바로 | 영혼을 포기하지 않는 영성 | 세상이 감당할 수 없는 믿음의 사람 | 다시 시작하라

아홉 번째 재앙 출애굽기 10:21~29
흑암, 구원의 빛으로 나아오라 188

장자에게 임할 죽음의 그늘 | 어두운 삶의 현장에 참 빛이 계시다 | 헌신 없는 그리스도인이 되라는 유혹 | 하나님의 장자로서 살아가기

Part 4　가나안으로 인도하시는 하나님

열 번째 재앙 출애굽기 11:1~8
장자의 죽음, 끝이자 시작　206

내 안에도 어리석은 바로가 있다 | 내 백성을 내가 찾아가리라 | 네가 결단할 때까지 기다렸다

유월절의 의미 출애굽기 12:1~4
어린 양의 피, 보혈의 예표　220

첫 번째 유월절, 삶과 죽음의 갈림길 | 유월절 어린 양과 십자가 | 유월절을 대대로 기념하라

유월절의 영성 출애굽기 12:5~14
유월절에 담긴 계시를 보라　234

유월절 어린 양의 조건 | 유월절 구원의 은혜 | 그리스도인의 삶은 나그네 삶 | 보혈의 울타리 안으로 초대하라

가나안의 믿음 출애굽기 12:37~42
하나님의 백성이여, 가나안으로 들어가라　250

마지막이 시작이 되리라 | 오직 믿음으로 갈 수 있는 길 | 요단강을 건너 가나안으로 들어가라 | 세 가지 믿음 중 나는 어떤 믿음인가?

프롤로그

하나님의 마음,
그분의 은혜를 따라

인생을 살아가면서 날마다 경험하는 한 가지가 있다면, 하나님은 약한 것으로 강한 것을 부끄럽게 하시는 솜씨가 있으시다는 것이다. 어느 날 나는 사역자에게는 화려한 명함이 필요없다는 것을 깨달았다. 어느 목사님이 내게 말했다.

"유 목사는 그릇이 커서 좋겠네요. 그릇이 큰 만큼 크게 쓰임받잖아요."

"아닌데요. 저는 그릇이 작습니다."

"그릇이 작은데 하나님이 왜 이렇게 크게 쓰신답니까?"

"저는 그릇은 작지만 한 가지 믿는 게 있습니다. 제가 믿는 하나님은 작은 그릇에 지구를 담아 낼 수도 있고, 작은 겨자씨에 수천수만의 생명을 담아 낼 수도 있는 분이시라는 것을요."

내가 약하고 부족해서 큰일을 못하는 것이 아니다. 인간 안에 뭐 그리 대단한 것이 있겠는가?

이 책은 출애굽이라는 구원 역사의 여정을 다루고 있다. 출애굽을 위한 열 가지 재앙은 바로를 꺾기 위한 씨름이 아니라 이스라엘 백성을 사랑하고, 우리를 사랑하시는 하나님의 마음이었다. 당신의 백성을 구원하기 위한 하나님의 싸움이라고 할 수 있다.

이 책을 읽어 가면서 독자들은 이런 의문을 갖게 될 것이다. 출애굽이라는 구원 역사 전쟁에서, 바로를 이기기 위해서 하나님은 과연 재앙이 열 가지나 필요하셨을까? 바로가 힘이 너무나 강해서 열 가지 재앙이 필요했던 것일까?

대답은 '아니다'이다. 출애굽과 바로를 꺾을 목적만 있었다면 하나님은 단 한 가지 재앙만으로도 목적을 이루셨을 것이다. 그럼에도 불구하고 하나님은 열 가지 재앙을 내리셨는데 여기에는 분명한 의도가 있었다.

이 책은 하나님의 의도를 거침없이 드러낸다. 열 가지 재앙을 통하여 하나님이 스스로 자신이 누구인가를 드러내시는 것을 보게 될 것이다. 애굽의 바로가 완악하여 하나님의 명령을 거절할 때마다 하나님은 재앙을 내리신다. 바로의 거절은 '하나님의 하나님 되심'을 드러내는 수단이 될 뿐이다. 따라서 종국에 우리는 하나님의 마음을 보게 될 것이다.

　재앙들을 내리신 하나님의 목적은 이스라엘 백성이 출애굽을 준비하도록 하신 것이었다. 이스라엘 백성이 하나님을 인식하고 자원하는 마음으로 출애굽에 동참하게 하기 위함이었다. 하나님은 당신의 뜻을 이루기 위해 강권하실 때가 있지만 대체로 하나님의 백성에게는 자원하는 마음을 원하신다.

　또한 독자들은 이 땅의 사람들이 섬기는 모든 우상이 얼마나 무력한가를 보게 될 것이다. 하나님은 한 재앙, 한 재앙을 통해 애굽 사람들이 섬기는 신들의 무력함을 드러내셨다.

이제 당신은 성령님과 함께 열 가지 재앙을 통해 하나님의 마음을 알아 가는 여행을 하게 될 것이다. 이것은 단순히 이스라엘 백성뿐만 아니라 이 시대 우리에게도 주시는 하나님의 사랑임을 깨닫기를 바란다.

인생길에서 만난 풍랑 앞에 두려움으로 떨고 있는가? 처음에는 마귀가 우세한 것 같아 보인다. 그러나 전능하신 하나님의 손을 잡고 있는 성도는 오히려 거센 풍랑 덕분에 더 빨리 나아갈 수 있다. 성도가 하나님께 더 가까이 나아가도록 마귀가 풍랑으로 밀어 주는 역할을 할 뿐이다.

모태에서 지음을 받기 전부터 하나님이 당신을 아셨다는 사실을 믿는가? 창세전에 하나님이 당신을 백성으로 삼으셨다는 사실을 아는가? 시간과 공간을 초월하신 하나님이 자신의 뜻 가운데 당신을 두셨으며, 홍해를 건너게 하실 때도 당신과 함께 친히 건너셨다는 사실을 믿는가?

    이 책을 열고 한 장 한 장 읽어 가는 당신 가운데 성령님께서 말씀해 주시기를 소망한다.

"나는 너의 하나님이라.
내가 너와 함께하리라."

2016년 9월

유재명 (안산빛나교회 담임목사)

Part 1

자기 백성을
기억하시는 하나님

출애굽 리포트 출애굽기 7:1~13

너는 내 백성, 내 소유라

출애굽의 구원 역사는 이스라엘 민족 구원을 위한 처절한 영적 싸움이요 전쟁이었다. 하나님은 자기 백성을 애굽에서 불러내어 약속의 땅 가나안으로 인도하셨다. 인류 역사상 가장 위대한 하나님의 구원 역사가 시작된 것이다.

출애굽은 먼저 모세의 소명에서 시작되었다. 미디안 광야에서 40년째 양 떼를 치며 목자로 살고 있던 모세를 하나님이 찾아오신 것이다.

> ⁹ 이제 가라 이스라엘 자손의 부르짖음이 내게 달하고 애굽 사람이 그들을 괴롭히는 학대도 내가 보았으니 ¹⁰ 이제 내가 너를 바로에게 보내어 너에게 내 백성 이스라엘 자손을 애굽에서 인도하여 내게 하리라 출 3:9~10

모세에게 맡겨진 소명은 사람으로는 도저히 이해도, 상상도 할 수 없는 구원의 역사였다. 그의 소명은 단순히 애굽에 가서 고통당하는 이스라엘을 돕는 것이 아니라 그들을 약속의 땅 가나안으로 인도해 내어 구원하는 것이다. 바로와 싸워 애굽을 탈출하는 것도, 수백만 명의 사람들을 이끌고 광야를 통과하는 일도 모세가 홀로 감당하기에는 어려운 일이었다.

이집트가 430년이나 노예로 부리던 이스라엘 백성을 바로가 순순히 놓아 줄 리가 있겠는가? 게다가 가나안은 이스라엘 백성이 와서 자리를 잡으라고 비어 있는 땅이 아니었다. 당시 그곳에는 강력한 일곱 부족이 살고 있었다.

그러나 하나님이 하시는 일은 언제나 사람의 생각을 뛰어넘는다. 이것은 불가능해 보이는 데서 시작되는, 오직 하나님만이 하실 수 있는 위대한 역사다.

이 엄청난 소명 앞에서 모세가 일단 거절하며 변명한다.

> 모세가 하나님께 아뢰되 내가 누구이기에 바로에게 가며 이
> 스라엘 자손을 애굽에서 인도하여 내리이까 출 3:11

모세야, 내가 너와 함께하겠다

모세가 거절했음에도 불구하고 하나님은 그를 보내면서 한 가지 약속을 분명히 하셨다.

"가라. 힘들 것이다. 하지만 내가 너와 함께하겠다."

말씀하신 대로 하나님이 보내시는 곳은 언제나 '불 가운데, 물 가운데'였다.

늘 그렇듯이 하나님의 일은 도망치고 싶을 정도로 어려울 때가 많다. 심지어 예수님조차 십자가 소명 앞에서 외면하고 싶을 정도로 큰 어려움과 직면하셨다. 소명 앞에서는 누구나 요나가 될 수도 있고, 주님을 부인한 베드로가 될 수도 있다.

하지만 많은 어려움 가운데서도 하나님께 순종하는 사람들이 있다. 그들의 특징은 모든 상황 가운데서 "내가 너와 함께하리라"라고 하신 하나님의 약속을 붙잡는 것이다. 위험한 불을 끄거나 물을 잔잔하게 하려고 애쓰는 것이 아니라 하나님을 붙잡고 씨름하는 것이다. 하나님의 일을 하기 위해 쉬운 길을 택하지 않는다. 때에 따라 좁은 길을 걷거나 좁은 문을 열어야 하는 것을 받아들이는 것이다. "내가 너와 함께하리라"라는 약속을 붙잡고, 하나님과 함

께 그 사명을 감당하는 것이다.

모세가 소명을 감당할 때, "내가 너와 함께하리라"라는 약속보다 한 걸음 더 나아간 약속의 말씀이 있었다.

> 내가 내려가서 그들을 애굽인의 손에서 건져내고 그들을 그 땅에서 인도하여 아름답고 광대한 땅, 젖과 꿀이 흐르는 땅 곧 가나안 족속, 헷 족속, 아모리 족속, 브리스 족속, 히위 족속, 여부스 족속의 지방에 데려가려 하노라 출 3:8

출애굽의 구원 역사는 인간이 볼 때 불가능한 일이었다. 하지만 하나님이 시작하셨다. 출애굽의 싸움은 '하나님의 백성'을 위한 하나님의 싸움이었다. 보내심을 받은 모세는 약속의 말씀을 확신하는 가운데 백성을 향해 이렇게 외쳤다.

> 13 모세가 백성에게 이르되 너희는 두려워하지 말고 가만히 서서 여호와께서 오늘 너희를 위하여 행하시는 구원을 보라 너희가 오늘 본 애굽 사람을 영원히 다시 보지 아니하리라 14 여호와께서 너희를 위하여 싸우시리니 너희는 가만히 있을지니라 출 14:13~14

하나님이 모세를 부르신 것은 모세만을 위한 것이 아니었다.

그러므로 모세는 소명자로서 자신을 보내신 하나님과 보냄을 받은 목적지를 늘 기억해야 했다. 하나님의 일을 맡은 사람이라면 언제나 불러야 할 찬양이 있다.

"세상과 나는 간 곳 없고 구속한 주만 보이도다"(새찬송가 288장).

자기 자신을 계산에 넣어서는 안 된다. 내가 돋보이고, 유명해지고, 크게 쓰임 받을 것을 기대하며 계산한다면 하나님의 일을 그르치기 쉽다. 소명을 받은 하나님의 일꾼들은 모든 일을 하기에 앞서 하나님을 생각하고 그분의 영광을 우선시하는 마음이 있어야 한다.

다음은 이 원리를 가슴에 품은 사도 바울의 고백이다.

> 나의 간절한 기대와 소망을 따라 아무 일에든지 부끄러워하지 아니하고 지금도 전과 같이 온전히 담대하여 살든지 죽든지 내 몸에서 그리스도가 존귀하게 되게 하려 하나니 빌 1:20

하나님의 일을 하기 어려운 이유는 나 자신을 내려놓아야 하는 어려움이 소명보다 크기 때문이다. 하나님의 일을 하는 사람은 어떤 결정을 내릴 때 나를 보내신 하나님과 사명의 대상보다 자신의 이익을 먼저 추구할 때 초라해진다. 요한복음 10장에 나오는 삯꾼 목자의 경우가 그렇다. 이리의 위협 앞에서 자신의 안위를 우선해 양들을 버리고 달아난 것이다. 교회에서 신앙의 본을 보이는 어른이 되려면, 자기 뜻보다 하나님이 원하시는 것과 교회 공동체의 필요에 먼저 반응해야 한다.

모세는 보내심을 받은 곳에서 자신을 내세우지 않았다. 그는 환경을 탓하지 않았고, 어떤 상황에서도 순종하며 사명을 감당했다. 그는 하나님을 절대적으로 신뢰하며 매사에 주를 인정했다. 완악해진 바로가 계속 거절하는데도 "대체 언제까지 가야 합니까?" 하고 묻지 않고 묵묵히 순종하며 십수 번을 갔다. 그런 그도 '하나님이 원하시는 모세'가 되기까지는 40년이 걸렸다.

그리스도인이 되려면 무엇보다도 교회 밖에서 교회 안으로 들어오는 것이 중요하다. 그러고 나서 '하나님이 원하시는 나'로 만들어지기까지 꽤 오랜 시간이 걸리곤 한다. '내가 원하는 나'가 아닌 '하나님이 원하시는 나'가 되기 위해서는 때로 마음에 들지 않는 곳에서 외로움을 견디며 묵묵히 사명을 감당해 나가야 할 수도 있다.

거절하는 바로에 맞서는 모세의 최고 무기는 자신을 보내신 하나님의 말씀에 대한 '순종'이었다. 어떻게 순종이 무기가 될 수 있을까? 모세가 싸우는 것이 아니요 하나님이 싸우시기에 순종이 중요한 것이다.

> 내가 그리스도와 함께 십자가에 못 박혔나니 그런즉 이제는 내가 사는 것이 아니요 오직 내 안에 그리스도께서 사시는 것이라 이제 내가 육체 가운데 사는 것은 나를 사랑하사 나를

위하여 자기 자신을 버리신 하나님의 아들을 믿는 믿음 안에서 사는 것이라 갈 2:20

이 말씀을 신뢰한다면 말씀 앞에 순종의 사람이 될 수 있다. 순종이 믿음이고, 순종이 곧 능력이다. 출애굽이라는 위대한 구원 역사는 모세 개인의 재능이나 능력으로 이루어진 것이 아니다. 하나님이 시작하시고 하나님이 이루신 하나님의 역사였다.

이스라엘아, 430년 종살이에서 놓여나라

이스라엘 백성은 애굽에서 430년째 종살이를 하고 있었다. 이들은 애굽의 울타리에서 노예로 태어나 노예로 살다가 노예로 죽을 인생들이었다. 그들은 자유인으로 살아 본 적이 없었다. 그러나 하나님의 언약 안에 있는 하나님의 소유된 백성이었다. 지금은 비록 애굽에서 바로에게 매여 노예 생활을 하고 있지만 언젠가는 약속의 땅으로 돌아가야 할 사람들이었다.

하나님은 모세에게 출애굽의 사명을 맡겨 애굽으로 보내실 때, "너는 바로에게 이르기를 여호와의 말씀에 이스라엘은 내 아들 내 장자라"(출 4:22) 선포하라고 말씀하셨다. 430년간 애굽에서 종살이하고 있던 이스라엘 백성을 향한 하나님의 선포였다. 하나님의 섭리 가운데 430년간 잠잠하셨던 분이 이스라엘 백성을 향해 소유권을 주장하신 것이다.

모세는 애굽에 가서 노예로 살아가던 주의 백성과 바로를 향해 하나님의 말씀을 힘차게 외쳤다.

이스라엘 백성이 그 거룩한 외침을 듣고 얼마나 놀랐겠는가?

'우리가 하나님의 백성이라니, 그것도 하나님의 장자라니!'

오랫동안 애굽에서 종살이하며 고통 속에 살아오던 이스라엘 백성은 자신들이 하나님의 자녀임을 잊고 살았다. 창조자요 전능자이신 하나님은 아브라함과 이삭과 야곱의 하나님일 뿐 자신들의 하나님은 아니라고 생각하며 살아왔다. "우리 하나님이라면 어떻게 이토록 오랫동안 노예 생활을 하도록 내버려 두실 수 있느냐"며 절망했던 것이다. 그래서 그들은 애굽의 바로에게 영원히 매여 종살이해야 하는 운명인 줄로만 알았다.

"내 백성, 내 장자를 보내라"라는 하나님의 선포 앞에 바로는 또 얼마나 놀랐겠는가? 그는 지금까지 그들을 노예로 삼아 왔고, 앞으로도 계속 노예로 부릴 작정이었다. 그런데 어느 날 갑자기 이스라엘의 하나님이라는 존재가 이스라엘 백성에 대한 소유권을 주장하니 순순히 놓아 줄 수 있었겠는가? 하지만 하나님은 "내 백성을 보내라"며 바로와 전쟁을 시작하셨다.

마귀의 미혹에는 끝이 있다

언제나 그러하듯이 출애굽이라는 위대한 구원 역사가 시작되자 마귀가 먼저 움직였다. 마귀는 바로에게 두려움을 심어 주어 구원 역사를 방해하기 시작했다.

> 10 자, 우리가 그들에게 대하여 지혜롭게 하자 두렵건대 그들이 더 많게 되면 전쟁이 일어날 때에 우리 대적과 합하여 우리와 싸우고 이 땅에서 나갈까 하노라 하고 11 감독들을 그들 위에 세우고 그들에게 무거운 짐을 지워 괴롭게 하여 그들에게 바로를 위하여 국고성 비돔과 라암셋을 건축하게 하니라
> 출 1:10~11

마귀는 하나님의 백성이 과중한 노동으로 지쳐 떨어지게 만들었다. 그래서 만사가 귀찮아져 하나님의 사람으로서 할 도리를 포기하게 만들 의도였다. 바로로 하여금 히브리 산파들에게 남자아이가 태어나면 죽이라고 명령하게도 했다. 출애굽 구원 역사의 핵심 인물인 모세를 죽이는 것이 마귀의 목적이었다. 마귀는 바로의 권력을 이용했다. 바로는 자기 권력을 믿고 하나님의 백성을 보내지 않겠다며 목을 꼿꼿이 세웠다. 그러나 바로의 권력이 아무리 강하다 한들 하나님의 적수가 될 수 있겠는가? 성경은 그에 대해 이렇게 말한다.

> ³ 내가 바로의 마음을 완악하게 하고 내 표징과 내 이적을 애굽 땅에서 많이 행할 것이나 ⁴ 바로가 너희의 말을 듣지 아니할 터인즉 내가 내 손을 애굽에 뻗쳐 여러 큰 심판을 내리고 내 군대, 내 백성 이스라엘 자손을 그 땅에서 인도하여 낼지라 출 7:3~4

바로의 권력이 강력하기는 하지만, 그는 하나님의 도구에 불과하다. 바로의 권력으로 인해 이스라엘 백성이 고통을 겪기는 하겠지만, 합력하여 선을 이루시는 하나님의 섭리로 말미암아 결국 하나님의 이름만 높여질 것이다.

모세의 요청을 거듭 거절하는 바로와 애굽에 하나님은 열 가지 재앙을 차례로 내리셨다. 피, 개구리, 이, 파리, 돌림병, 악성 종기, 우박, 메뚜기, 흑암 그리고 처음 난 것의 죽음, 곧 장자의 죽음 등이다.

하나님은 초강대국 애굽의 바로를 굴복시키기 위해서 미사일을 준비하는 것이 아니라, 파리, 모기, 메뚜기 등 미물을 사용하셨다. 그러나 바로는 열 가지 재앙에도 불구하고 자신의 권력을 의지하여 하나님의 요구를 번번이 거절했다. '세상 권력이 그렇게 강력한가?' 하고 놀랄 정도였다.

실제로 세상의 힘은 강력하다. 때로 하나님이 무력하게 보일 정도다. 하지만 세상의 힘이 아무리 대단해도 하나님의 힘 앞에서는 한순간에 무너지고 만다.

바로가 하나님이 모세를 통해 보내신 열 가지 재앙에 번번이 맞서며 굽히지 않을 수 있었던 것은 그가 '강해서가 아니라 어리석기 때문'이었다. 그가 용감해서 완악한 성질을 그대로 드러냈던 것이 아니다. 하나님이 "바로의 마음을 완악하게" 하셨다. 원래 선했던 바로를 하나님이 완악하게 만드셨다는 뜻이 아니다. 원래부터 완악했던 마음을 하나님의 섭리 안에서 그대로 버려두셨다는 뜻이다.

마귀의 또 다른 방해는 '마술사들의 미혹'이었다. 마귀에게 사로잡힌 마술사들은 바로의 마음을 미혹하여 하나님의 구속 사역을 방해했다. "내 백성을 보내라"는 하나님의 말씀을 받고 바로를 찾아간 모세는 지팡이를 던져 뱀이 되게 하는 이적을 베풀었다. 아마도 모세 스스로 자신의 이적이 대단하다고 여겼을 것이다. 지팡이를 던졌더니 뱀이 되고, 그 꼬리를 잡으니 다시 지팡이가 되었다. 손을 품에 넣었더니 나병이 걸렸고, 다시 품속에 넣었더니 정상으로 돌아왔다. 모두가 하나님의 능력이었다.

모세는 자신을 통해 나타나는 이적들을 보고, 그 정도면 분명히 바로도 놀랄 줄 알았을 것이다. 그런데 이게 웬일인가? 바로가 놀라기는커녕 애굽의 현인들과 마술사들을 불러 그들도 지팡이를 던져 뱀을 만들도록 했다(출 7:11). 디모데후서 3장 8절에 의하면, 요술을 행한 그들의 이름은 '얀네와 얌브레'이다.

마귀가 그런 요술을 부리다니 놀랍다. 그런 술수로 얼마나 많은 사람을 미혹했겠는가? 마귀는 여러 가지 '영적 현상'으로 하나님의 구속 사역을 방해한다. 좀 더 정확하게 말하자면, 사람들을 미혹하여 하나님 구원에서 떠나게 만든다. 그들도 어느 정도까지는 기적을 행한다. 그래서 자신들이 '하나님을 대적할 수 있다'고 착각하곤 한다. 잠시 잠깐의 기적을 가지고 사람들 마음을 미혹하여 진리에서 떠나게 하는 것이다.

그러나 결국 하나님의 능력 앞에서 그들의 어리석음이 드러날 것이다. 이제 막 시작된 마귀와의 대결은 이 정도로 끝나지 않는다. 하나님은 애굽의 바로를 조금씩 압박함으로써 자신을 드러내실 것이다. 하나님은 애굽 군사를 홍해에 수장시켜 버리고, 이스라엘 백성이 가나안에 정착하기까지 쉬지 않고 구원을 이루어 가실 것이다.

신명기는 이런 것들로 미혹받지 말라고 경고한다.

> 너는 그 선지자나 꿈 꾸는 자의 말을 청종하지 말라 이는 너희의 하나님 여호와께서 너희가 마음을 다하고 뜻을 다하여 너희의 하나님 여호와를 사랑하는 여부를 알려 하사 너희를 시험하심이니라 신 13:3

그리스도인이 신앙생활 중에 주의해야 할 것이 있다. 마귀도, 요술사들도 어느 정도까지는 기적을 이룬다. 요즘에는 마귀의 무리가 오히려 더 큰 기적을 행하여 사람들의 마음을 미혹한다. 구원

받아야 할 하나님의 백성의 마음을 빼앗는다.

출애굽의 구원 역사를 보면, 하나님의 백성은 두 부류로 나뉜다. 첫째, 고통 가운데 살면서 구원을 호소하는 사람들이 있다. 이스라엘 백성은 살려 달라고 부르짖었다. 하나님을 향하여 "우리를 구해 주세요" 하고 부르짖은 것이다.

> 여러 해 후에 애굽 왕은 죽었고 이스라엘 자손은 고된 노동으로 말미암아 탄식하며 부르짖으니 그 고된 노동으로 말미암아 부르짖는 소리가 하나님께 상달된지라 출 2:23

둘째, 고통 가운데 있으면서도 구원받기를 원하지 않는 사람들이 있다.

> 우리가 애굽에서 당신에게 이른 말이 이것이 아니냐 이르기를 우리를 내버려 두라 우리가 애굽 사람을 섬길 것이라 하지 아니하더냐 애굽 사람을 섬기는 것이 광야에서 죽는 것보다 낫겠노라 출 14:12

그들은 모세의 선포에도 자신들이 하나님의 백성이요 언약의 계승자임을 깨닫지 못한 채 애굽에서 노예로 살다가 노예로 죽는 편이 나았을 것이라고 주장했다. 그들은 "우리를 내버려 두라"고 외쳤다.

그러나 모세는 그들을 설득하여 애굽에서 벗어나 자유를 얻도록 하는 소명을 받았으므로 그들을 내버려 둘 수 없었다. "내 백성을 구해 내라"는 하나님의 명령이 귀에서 떠나지 않았기 때문이다. "우리를 내버려 두라"는 소리를 듣고도 모세는 그들에게 "당신들은 하나님의 백성입니다. 애굽에서 영원히 살 사람들이 아닙니다" 하고 끊임없이 설득했다.

열 가지 재앙을 통해 네가 나를 알리라

출애굽은 '하나님의 백성'을 구원하기 위한 하나님의 싸움이었다. 하나님은 열 가지 재앙으로 공격을 시작하셨다. 앞서 밝힌 바와 같이 바로는 어리석음으로 열 가지 재앙에 저항했다. 그런데 이런 의문이 있을 수 있다.

'바로를 이기기 위해서 열 가지 재앙이 과연 필요했을까?'

재앙이 열 가지나 필요할 정도로 바로의 힘이 막강했다는 뜻일까? 아니다. 하나님은 단 하나의 재앙만으로도 목적을 이루실 수 있었다. 그 목적이 단순히 바로를 꺾고 출애굽 하는 것이라면 말이다.

하나님이 열 가지 재앙을 내리신 데는 분명한 의도가 있었다.

첫째, 하나님이 어떤 분이신가를 이스라엘에 드러내시기 위해서다. 야곱 이후 430년간 잠잠하셨던 여호와 하나님이 이제 그들에게 자신이 누구인지를 하나씩 보여 주시는 것이다. 애굽의 바로가 완악하여 하나님의 명령을 거절할 때마다 하나님이 재앙을 내리시니, 그의 거절은 곧 '하나님의 하나님 되심'을 드러내는 수단이 될 뿐이었다.

또한 하나님은 재앙을 통해 이스라엘 백성의 출애굽을 준비시키셨다. 이스라엘 백성이 하나님을 인식하고 자원하는 마음으로 출애굽에 동참하게 하기 위함이다. 하나님이 뜻을 이루기 위해 강권하실 때가 있지만, 그보다 자원하는 마음을 더 원하신다. 그런데 하나님의 오래 참고 기다리시는 사랑을 많은 사람이 만홀히 여기는 것을 보면 안타깝다.

둘째, 애굽 사람들이 섬기는 우상들이 얼마나 무력한가를 보여 주시기 위해서다.

> 애굽인은 여호와께서 그들 중에 치신 그 모든 장자를 장사하는 때라 여호와께서 그들의 신들에게도 벌을 주셨더라 민 33:4

미디안 제사장이자 모세의 장인인 이드로가 모세에게 이렇게 고백했다.

> 10 이드로가 이르되 여호와를 찬송하리로다 너희를 애굽 사람의 손에서와 바로의 손에서 건져내시고 백성을 애굽 사람의

손 아래에서 건지셨도다 11 이제 내가 알았도다 여호와는 모든 신보다 크시므로 이스라엘에게 교만하게 행하는 그들을 이기셨도다 하고 출 18:10~11

하나님은 각 재앙을 통해 애굽 사람들이 섬기는 신들의 무력함을 드러내셨다. '하나님의 요구'를 열 번이나 거절한 바로는 미련했다. 마귀가 하는 일은 언뜻 승리하는 것처럼 보이지만, 결국 하나님의 일을 이루는 도구가 될 뿐이다.

"십자가는 예수님이 지셨지만, 죽은 것은 마귀였다"라는 말이 있다. 마귀는 하나님의 구속 사역을 방해하기 위해, 가룟 유다로 예수님을 배반하게 만들어, 예수님이 십자가에 못 박히도록 했다. 그러나 역설적이게도 인류 구원이라는 하나님의 구속 사역을 성취한 것은 바로 십자가 사건이었다.

처음에는 마귀가 우세한 것처럼 보인다. 그러나 하나님의 전능하신 손을 잡고 있는 성도는 거센 풍랑 때문에 오히려 더 빨리 갈 수 있다. 마귀는 풍랑을 일으킴으로써 성도가 하나님께 더 가까이 나아가도록 밀어 주는 역할을 할 뿐이다.

셋째, 열 가지 재앙은 오늘을 사는 우리에게 기록된 말씀, 즉 '성경'을 주시기 위해 주어졌다. '하나님이 어떤 분이신가'를 말씀으로 기록해 놓아, 대대로 하나님을 계시하시기 위해서라는 것이다. 단지 애굽에 있는 이스라엘 백성을 가나안으로 이주시키는 것이 구원의 목적이었다면 단 한 번의 재앙으로도 충분했을 것이다. 그러나 하나님은 열 가지 재앙을 통해 자신이 어떤 분인지 알려 주시고, 그것을 기록하게 하여 오늘 우리에게까지 알려지도록 하셨다.

당신은 모태에서 지음 받기 전에, 하나님이 당신을 이미 아셨다는 사실을 믿는가? 창세 전에 당신을 하나님의 백성으로 삼으셨다는 사실을 아는가? 시간과 공간을 초월하신 하나님은 에덴동산의 섭리 안에 당신을 두셨고, 이스라엘이 홍해를 건널 때 당신도 함께 건너게 하셨다는 사실을 믿는가?

모세가 출애굽의 사명을 감당할 수 있었던 것은 하나님의 위대한 역사 덕분이었다. 모세가 순종하여 역사가 일어났듯이 당신이 하나님의 부르심에 순종하면 역사가 일어난다. 이스라엘 백성이 애굽에 그냥 머물러 있었다면 고통의 늪에서 빠져나오지 못했을 것이다. 노예로 살다가 노예로 죽어 갔을 것이다.

영적 감옥에 갇힌 사람은 안타깝게도 자신이 갇혀 있다는 사실을 알지 못한다. 죄와 사망이라는 감옥에서 태어났기에, 자유를 모른 채 그 안에서 살다가 죽어도 모른다.

전도란 믿지 않는 사람들에게 하나님의 마음을 알리는 것이다. '나는 누구인가, 나는 누구여야 하는가'를 깨닫게 하는 것이다. 그러므로 전도야말로 최고의 사랑이다.

애굽의 바로가 완악하여
하나님의 명령을 거절할 때마다
하나님이 재앙을 내리시니,
그의 거절은 곧
'하나님의 하나님 되심'을 드러내는 수단이
될 뿐이었다.

첫 번째 재앙 출애굽기 7:14~25

피,
심판의 시작이자 구원의 여명

성경에서 계시란 '하나님이 자신을 나타내신다'는 말이다. 하나님 스스로 자신을 계시하지 않으시면 누구도 하나님을 알거나 만날 수 없다. 430년 동안 잠잠하셨던 여호와 하나님이 하나님 되심을 자기 백성과 온 세상에 선포하고 나타내셨다. '하나님은 누구이시며 하나님 앞에 선 인간은 누구인가'라는 문제를 열 가지 재앙을 통해 보여 주신 것이다.

하나님은 열 가지 재앙을 통해 세상 권력의 허상과 우상의 무익함을 드러내셨다. 우선은 세상 권력을 쥐고 있는 바로가 강해 보였다. 그러나 오히려 애굽의 신들로 불리는 것들을 무기 삼아 전쟁을 벌임으로써 그들의 어리석음을 드러내셨다. 세상 권력이나 세상이 가진 힘들은 영원하지 않다는 것을 보여 주셨다. 또한 종교라는 이름으로 사람들에게 섬김을 받는 우상들도 참 신이 아님을 보여 주셨다.

아버지는 사랑을 억지로 주시지 않는다

출애굽의 구원 역사는 억지로 성취되는 것이 아니다. 구원이 '일방적인 은혜'라는 말은 '억지로' 주어진다는 뜻이 아니다. 하나님의 구원은 사람들이 인격적으로 받아들일 때 비로소 완성된다. 하나님은 사람을 기계적으로 구원하시지 않는다. 구원은 무작위로 주어지지 않으며 자원하는 이에게 주어진다.

> 영접하는 자 곧 그 이름을 믿는 자들에게는 하나님의 자녀가 되는 권세를 주셨으니 요 1:12

구원은 "영접하는 자 곧 그 이름을 믿는 자들"이 누릴 수 있는 축복이다. 애굽에서 430년을 살았던 이스라엘 백성의 안타까움은 무엇인가? 이들은 애굽의 울타리에서 노예로 태어나 노예로 살다가 노예로 죽을 인생들이었다. 아버지 세대부터 노예였기에 자유인으로 살아 본 적도 없다. 그러나 이들은 지금은 비록 애굽에 매여 살아도 언젠가는 약속의 땅으로 돌아갈 사람들이었다.

하지만 안타깝게도 그들은 자신이 누구인지조차 모르고 있었다. 아니, 알고 있어도 포기한 채 살아가고 있었다. '나는 누구인가? 나는 무엇으로 사는 사람인가?' 묻기를 포기하고 노예로 살아왔던 것이다. 그들은 자신의 힘으로는 애굽에서 자유할 수 없었고, 자유를 쟁취하려는 의지도 없었다.

그러니 "애굽을 떠나 광야로 가자"고 하시는 하나님의 음성에 쉽게 "아멘" 할 수 있었겠는가? 그동안 그들에게 하나님이란 존재는 아브라함과 이삭과 야곱의 하나님, 즉 조상들의 하나님일 뿐 그들의 하나님은 아니었다. 그러므로 이스라엘 백성이 모세를 통해서 하나님의 음성을 듣고서도 망설인 것은 어찌 보면 당연한 일이었다.

이처럼 바로의 완악함과 이스라엘 백성의 불신으로 인해 열 가지 재앙이 내려졌다. 재앙의 과정을 통해 그들은 하나님을 믿고 스스로 출애굽을 결정하게 된다. 하나님은 자기 백성에게 자신의 존재를 계시하여 그들이 스스로 받아들이기까지 기다리셨다. 그들에게 최고의 구원이요 축복인 출애굽인데도 강제로 이루지 않으셨다.

열 가지 재앙은 바로를 꺾기 위한 하나님의 싸움이 아니라 이스라엘 백성을 향한 절절한 '기다림의 사랑'이었던 것이다. 바로와 다투시면서도 하나님의 관심과 기대는 온통 바로가 아닌 이스라엘 백성을 향해 있었다.

"너희는 내 백성이니 내게 돌아오라!"

재앙의 고통은 바로의 몫이나, 재앙으로 열린 젖과 꿀의 열매는 백성에게 주어질 것이다.

오늘날에도 구원은 두려움이나 공포 가운데 억지로 주어지지 않는다. 여전히 기다리심으로 맺는 열매가 구원이다. 때로 사람들은 주님의 오래 참고 기다리심을 만홀히 여기곤 하는데, 한 가지 분명한 것은 기다리시는 사랑 덕분에 오늘날 우리가 구원을 받았다는 사실이다.

재앙은 거룩하신 하나님의 질서와 원칙에 따라 순서대로 진행되었다. 감정에 따라 무질서하게 주어진 것이 아니다. 아홉 가지 재앙이 셋씩 묶어 나타났다. 첫째, 둘째 재앙은 경고와 함께, 셋째 재앙은 경고 없이 주어졌다. 이런 식으로 열 가지 재앙 중 세 번째, 여섯 번째, 아홉 번째 재앙이 각각 경고 없이 주어졌다.

고센 땅에 사는 이스라엘 백성이 모든 재앙에서 구별된 것은 아니었다. 첫 재앙인 물이 피가 되는 재앙과 개구리 재앙, 이 재앙, 악성 종기 재앙 그리고 마지막 재앙인 장자의 죽음은 이스라엘도 함께 감당해야 했다.

함께 겪는 재앙과 구별된 재앙을 통해 이스라엘은 '하나님'과

'구원'을 알아 갔다. 자신들이 하나님의 백성이며 영원히 애굽의 노예로 살아야 할 존재가 아니라는 것을, 약속의 땅 가나안에 가서 살아야 할 사람들이라는 사실을 인식해 간 것이다.

출애굽의 구원 역사를 위해 바로와 싸우시는 창조주 하나님의 지혜와 능력이 대단하지 않은가? 하늘의 열두 군대를 동원하지 않고, 창이나 칼을 한 번도 사용하지 않고도 엄청난 세상 권력을 가진 바로를 허수아비로 만들어 버리셨다. 사람들이 별것 아닌 것으로 여기는 것들을 무기로 삼아 바로를 이김으로써 애굽 왕 바로뿐 아니라 노예로 살아가는 이스라엘 백성에게 자신이 '여호와인 줄 알게' 하신 것이다.

하나님은 피, 개구리, 이, 파리, 메뚜기 등 인생 주변에 있는 미물들로 무기 삼아 싸우실 수 있는 분이다. 또한 소년 다윗이 작은 돌멩이로 골리앗을 쳐서 이기게 하시는 분이다. 특별한 것이 있어야 특별한 역사를 이루고, 특별한 축복을 주시는 분이 아니라는 뜻이다.

구원의 역사는 피로 시작된다

출애굽이라는 위대한 구원 역사를 위한 첫걸음은 바로 물이 피로 변하는, 피의 재앙이었다. 단순히 나일 강물만이 아니었다. 애굽 온 땅에 피가 있었으니 이레가 지나도록 계속 그랬다. 애굽의 온 강과 호수와 바다, 심지어 그릇에 담긴 물마저 피로 변했다. 물이 담겨 있어야 할 모든 곳에 피가 가득했다.

> 여호와께서 또 모세에게 이르시되 아론에게 명령하기를 네 지팡이를 잡고 네 팔을 애굽의 물들과 강들과 운하와 못과 모든 호수 위에 내밀라 하라 그것들이 피가 되리니 애굽 온 땅과 나무 그릇과 돌 그릇 안에 모두 피가 있으리라 출 7:19

> 나일 강의 고기가 죽고 그 물에서는 악취가 나니 애굽 사람들이 나일 강 물을 마시지 못하며 애굽 온 땅에는 피가 있으나 출 7:21

피의 재앙이 고센 땅을 포함한 애굽 전역에 있었다는 사실에서 무엇을 알 수 있는가? 애굽 사람들이나 이스라엘 사람들이나 다 함께 당한 재앙이요 고통이었다. 그러나 그 목적은 분명히 달랐다. 피의 재앙은 애굽과 바로에게는 심판의 시작이요 고센 땅의 이스라엘 백성에게는 구원 역사의 시작을 알리는 표적이자 선포였다. 애굽 백성에게는 두려움의 시작이었고, 이스라엘 백성에게는 소망의 시작이었다. 재앙 가운데서 애굽 사람은 보지 못하는 소망을 이스라엘 백성은 보았다.

십자가의 복음도 마찬가지다.

> 십자가의 도가 멸망하는 자들에게는 미련한 것이요 구원을
> 받는 우리에게는 하나님의 능력이라 고전 1:18

구원 역사는 언제나 피로 시작된다. 생명의 역사이기 때문이다. 예수님이 공생애를 시작하실 때, 처음 나타내신 표적이 가나 혼인집에서 물로 포도주를 만드는 것이었으니 이는 보혈의 사역을 상징하는 것이다. 예수님의 공생애 사역의 절정인 십자가까지, 그 시작부터 마지막까지가 피 흘림의 사역임을 알 수 있다.

출애굽을 위한 전쟁도 물이 피가 되는 재앙으로 시작했다. 이는 보혈을 의미한다. 마지막 재앙 또한 문설주에 양의 피를 바른 집만 구원을 받음으로써 하나님의 어린양의 보혈이 기준이 되어 사망과 구원이 결정되는 역사를 드러냈다. 하나님의 구원 역사는 언제나 보혈이 표적의 역할을 하곤 했다. 첫 사람 아담의 범죄 후에 하나님이 가죽옷을 지어 입히신 것도 피 흘림 있는 사랑의 증거였다.

멸망을 앞둔 여리고 성에서 기생 라합의 구원 조건은 '붉은 줄을 창문에 매는 것'이었다. 다른 이방인들보다 '더 착한가, 선한 일을 더 많이 했는가'가 기준이 아니었다. 보혈을 상징하는 붉은 줄만이 구원의 증표가 되었다. 이스라엘이 출애굽 할 때 건넌 홍해(紅海)는 그냥 붉은 바다가 아니요 보혈의 바다였다. 홍해로 불리는 보혈의 바다에서 애굽은 심판을 받았고, 이스라엘은 구원의 은혜를

입었다. 우리 또한 십자가에서 흘리신 그리스도 보혈의 은혜를 입어 구원받은 사람들이다. 피 흘림이 없으면 죄 사함도, 사망에서 생명으로의 구원도 있을 수 없다.

> 그가 찔림은 우리의 허물 때문이요 그가 상함은 우리의 죄악 때문이라 그가 징계를 받으므로 우리는 평화를 누리고 그가 채찍에 맞으므로 우리는 나음을 받았도다 사 53:5

우리를 위해 흘리신 보혈의 은혜로 우리 영혼에는 예수님의 핏자국이 선명하다.

나일 강에 흐른 그리스도의 보혈

구약에서 '용서와 사랑'의 주제가 담긴 피 흘림은 예수 그리스도의 보혈을 상징한다. 그리스도의 보혈은 기독교의 중심이며 성도로 성도 되게 하는 구원의 원리다. 또한 신구약 성경을 하나로 관통하는 하나의 사상이다.

마르틴 루터는 이렇게 외쳤다.

"빨래를 짜 보아라. 물이 나올 것이다, 성경을 짜 보아라. 피가 나올 것이다. 구약성경을 짜 보아라. 짐승의 피가 나올 것이다. 신약성경을 짜 보아라. 예수의 피가 줄줄 흐를 것이다."

성경은 피의 책, 즉 보혈의 책이다. 성경은 아담의 피 묻은 가죽옷에서 시작하여 그리스도의 갈보리 십자가로 절정을 이룬다. 예수님이 재림하실 때, 피 묻은 세마포 옷을 입은 사람들이 영접을 받고 구원의 완성을 이루게 될 것이다. 성경은 피로 얼룩진 구원의 안내서다. 성경은 피에서 시작하여 피로 완성을 이룬다. 그러므로 보혈의 은혜를 입지 못한 사람은 성경을 천 번 읽어도 영적 맹인으로 남을 수밖에 없다.

> 율법을 따라 거의 모든 물건이 피로써 정결하게 되나니 피흘림이 없은즉 사함이 없느니라 히 9:22

갈보리 십자가 보혈에 이르기까지 예수님의 피 흘림은 네 단계를 거쳤다. 첫째, 예수님은 겟세마네 동산에서 기도할 때 피맺힌 땀방울을 흘리셨다. 예수님은 이 땅에 "고난받으러 왔다, 죽으러 왔다"라고 늘 말씀하셨다. 예수님은 십자가의 길이야말로 반드시 가야 할 길이요 하나님의 뜻임을 아셨다. 그런데도 고난의 잔을 옮겨 주시길 바랐던 것은 죽음 후에 있을 부활을, 고난 후에 얻을 영광을, 십자가로 거둘 승리를 모르셔서가 아니었다. 십자가의 길이 얼마나 고된지를 아셨기 때문이다. 성경은 "예수께서 힘쓰고 애써 더욱 간절히 기도하시니 땀이 땅에 떨어지는 핏방울 같이 되더라"(눅 22:44)라고 기록했다. 땀이 핏방울처럼 흐르기까지 했던 예수님의 기도는 어떤 기도였을까?

> 조금 나아가사 얼굴을 땅에 대시고 엎드려 기도하여 이르시되 내 아버지여 만일 할 만하시거든 이 잔을 내게서 지나가게 하옵소서 그러나 나의 원대로 마시옵고 아버지의 원대로 하옵소서 하시고 마 26:39

이것은 하나님을 설득하여 하나님의 뜻을 돌이키려는 기도가 아니었다. 하나님의 뜻을 알면서도 그 뜻을 거절하려는 자기 자신을 이기기 위한 기도였다. 그 처절한 심정이 땀과 피로 나타난 것이다. 자신을 부인하고 죽이는 일이 얼마나 힘든지를 보여 주는 말씀이다. 자신이 원하는 대로 응답되기를 바라는 기도라면 이렇게까지 몸부림칠 필요가 없을 것이다.

몸부림치며 기도하는 것은 그 기도가 나를 복종시키고 변화시키기 때문이다. 나를 죽이지 못하면, 내 안에 죽은 듯 살아있는 자신이 언젠가 내 발목을 잡게 마련이다. 다른 누가 나를 힘들게 하는 것이 아니라 내 안의 내가 나를 힘들게 한다. 그리스도가 처음 흘리신 보혈은 십자가의 길을 앞두고 기도 가운데 피처럼 흘리신 땀방울이었다. 예수님의 겟세마네 기도는 보혈의 기도였다.

둘째, 예수님은 로마 군병들에게 채찍으로 맞아 피를 흘리셨다. 영화 〈패션 오브 크라이스트〉(Passion of Christ)를 보면, 로마 군병들이 예수님을 향하여 채찍을 사정없이 휘두르는 장면이 나온다. 채찍 끝에 달린 납덩어리가 예수님의 등을 파고들어 살점을 도려내니 피가 철철 흘렀다.

예수님은 천사를 호령하며 하늘 군대를 동원할 수 있는 분인데, 왜 그토록 약한 모습으로 모진 채찍을 맞으셔야 했는가? 가야바 법정으로, 빌라도 법정으로 끌려다니며 불공정한 재판을 받으면서도 왜 말없이 채찍을 맞으셨던가?

'나'를 위해서였다. 나 대신 끌려다니고, 나 대신 재판 받고, 나 대신 채찍에 맞으셨다. 예수님은 나를 대신하여 죄인의 모습으로 십자가의 길을 걷느라 피를 흘리셨다. 채찍에 맞아 흘리신 주님의 보혈은 우리의 허물을 감싸 주기 위한 피였다.

> 그가 곤욕을 당하여 괴로울 때에도 그의 입을 열지 아니하였음이여 마치 도수장으로 끌려 가는 어린 양과 털 깎는 자 앞에서 잠잠한 양 같이 그의 입을 열지 아니하였도다 사 53:7

주님은 왜 법정에서 자신을 위해 한마디도 변명하지 않으셨을까? "나는 죄가 없소" 하고 변명하는 순간, 우리 죄를 처리할 수 없게 되시기 때문이다. 주님은 자신을 위해 변명하지 않으셨다. 우리를 위해 침묵하셨다. 제자들이 주님을 배반했지만 주님은 그들을 끝까지 사랑하셨다. 제자들은 주님을 떠났지만 주님은 언제나처럼 그들을 먼저 찾아가셨다. 우리에게 부어 주시는 사랑도 동일하다. 주님의 사랑은 언제나 보혈의 사랑이다.

셋째, 예수님은 가시 면류관을 쓰고 피를 흘리셨다. 하늘 보좌에 앉아 빛나는 면류관을 써야 할 영광의 주님이 왜 하필 가시 면류관을 쓰셨는가? 그 이유가 무엇인가? 가시는 아담과 하와가 선악과를 먹고 죄인이 되면서 생겨난 것이니, 죄로 말미암아 인간이 짊어지게 된 삶의 고통을 상징한다.

사람은 인생의 길목 곳곳에서 찌르는 가시를 만난다. 부자는 부자대로, 건강하면 건강한 대로, 출세하면 출세한 대로 찌르는 가시가 있다. 자식이 있으면 있는 대로, 없으면 없는 대로 가시가 있다. 때로는 건강이, 사업장이, 가정이 가시가 되곤 한다. 바울에게도 가시의 고통이 있었다. 가시는 인간의 범죄와 함께 생겨났다. 인간이라면 누구나 찔리게 마련인 삶의 가시는 환경이 아닌 죄의 문제다.

첫 사람 아담의 범죄로 인해 저주의 가시가 생겨났고, 둘째 아담 예수님이 저주의 가시 면류관을 쓰고 십자가의 길을 걸으셨다.

우리를 사랑하시는 주님이 가시 면류관을 써야 했던 이유는 너무도 분명하다. 주님이 가시 면류관을 쓰심으로써 인간의 모든 저주를 감당해 주신 것이다. "너희 짐을 다 내게 맡겨라" 하고 주님이 우리를 초청하신다.

> 수고하고 무거운 짐 진 자들아 다 내게로 오라 내가 너희를 쉬게 하리라 마 11:28

이 축복의 말씀은 하늘 보좌로부터 내려온 음성이 아니라, 가시 면류관을 쓰실 주님으로부터 온 것이다. 보혈의 능력이 삶을 찌르는 가시들을 은혜로 만들어 준다. 이것이 보혈의 은혜다. 그러므로 주님의 보혈은 최고의 사랑이며 최고의 능력이다.

넷째, 예수님은 십자가 위에서 물과 피를 쏟으셨다. 십자가에 달려 6시간을 견디신 예수님이 "다 이루었다"고 말씀하셨다. 어린 양 되신 주님이 보혈을 쏟으며 죽어 가셨다. 영광을 구하는 제자들에게 "내가 마시려는 잔을 너희가 마실 수 있느냐"(마 20:22)라고 물으셨던 그 잔에 보혈이 담겼다. 하나님이 성육신하여 오신 목적은 보혈을 흘리기 위함이었다. 보혈의 은혜로 우리는 용서의 은혜를, 구원의 은혜를 입었다.

> 피흘림이 없은즉 사함이 없느니라 히 9:22b

재앙의 시작과 마지막은 모두 피와 관련 있다. 구원 역사의 시작과 마무리 역시 피와 관련 있으니, 애굽에 내린 피의 재앙은 곧 그리스도의 보혈을 상징한다. 보혈 안에 사랑과 용서가 있고, 보혈 안에 구원과 심판이 있다. 믿지 않는 사람들에게, 즉 바로와 애굽 사람들에게 피는 심판의 시작이었다. 하지만 그리스도를 믿는 이들에게 주님의 보혈은 생명의 능력이요 모든 것에서 자유하게 하는 축복이다.

두 번째 재앙 출애굽기 8:1~15

개구리,
바로도 한낱 무력한 사람일 뿐이다

출애굽을 위한 바로와의 씨름이 2회전에 접어들었다. 두 번째 재앙인 개구리 재앙이 시작된 것이다. 나일 강에 무슨 개구리가 그렇게나 많았던지 개구리로 인해 애굽 전체가 공포의 도가니에 빠졌다.

³ 개구리가 나일 강에서 무수히 생기고 올라와서 네 궁과 네

침실과 네 침상 위와 네 신하의 집과 네 백성과 네 화덕과 네 떡 반죽 그릇에 들어갈 것이며 4 개구리가 너와 네 백성과 네 모든 신하에게 기어오르리라 하셨다 하라 출 8:3~4

재앙이 있기 전에 하나님의 강력한 경고가 있었다. "네가 만일 보내기를 거절하면 내가 개구리로 너의 온 땅을 치리라"(출 8:2). 바로는 경고를 받아들여 이스라엘 백성을 보내든지 아니면 거절하든지 선택해야 했다. 거절하면 대가를 치러야 함을 알았다.

"그리하면"이 주는 소망

하나님의 말씀에는 큰 원리가 담겨 있다. 심판을 목적으로 하는 하나님의 요구에는 언제나 "거절하면"이란 부정적인 단서가 붙는다. 반면에 축복을 목적으로 하는 하나님의 요구에는 늘 "그리하면"이란 긍정적인 단서가 붙는다. 율법의 요구는 부정적 측면이 강하고, 복음의 요구는 언제나 긍정적이다.

바로에게는 매번 "거절하면"이란 경고의 말씀을 주셨지만, 하나님의 백성에게는 "그리하면"이란 소망의 말씀을 주셨다. 바로에게는 복종의 요구와 함께 징계와 심판이 계획되었고, 이스라엘 백성에게는 순종의 요구와 함께 축복이 계획되었다.

"그리하면"이라는 하나님의 요구 앞에 서 본 적이 있는가? 하나님은 복음 안에서 순종하기를 원하신다. 복을 주고자 순종을 요구하며 "그리하면"이라는 단서를 약속으로 주시는 것이다.

> 이스라엘아 듣고 삼가 그것을 행하라 그리하면 네가 복을 받고 네 조상들의 하나님 여호와께서 네게 허락하심 같이 젖과 꿀이 흐르는 땅에서 네가 크게 번성하리라 신 6:3

> 너의 행사를 여호와께 맡기라 그리하면 네가 경영하는 것이 이루어지리라 잠 16:3

> 주 예수를 믿으라 그리하면 너와 네 집이 구원을 받으리라 행 16:31

이처럼 하나님은 우리를 축복해 주시기 원하므로 믿음과 순종을 바라신다. 아브라함도 아들 이삭을 번제로 드리라는 하나님의 이해할 수 없는 말씀에 순종하여 '여호와 이레'의 축복을 받았다. 이 밖의 성경의 많은 기적이 순종을 통해서 일어났다.

그러나 하나님은 무조건적인 순종을 일방적으로 요구하시는 분이 아니다. 사람에게 선택권을 주셨는데, 그 이유가 무엇일까? 하나님은 사람을 기계와 같은 존재로 창조하지 않으셨다. 사람에게는 자신의 의지로 선택할 수 있는 권리가 주어졌다. 이것을 '자유의지'라고 한다.

사람은 본능적 욕구로 살아가는 동물과 달리 하나님이 주신 자유의지로 끊임없이 선택하면서 삶을 엮어 간다. 학교를 선택하고, 직업을 선택하며, 친구를 선택하고, 배우자를 선택한다. 선택은 인간에게 주어진 축복인 동시에 선택에 따른 결과를 책임져야 하는 믿음의 척도이기도 하다. 선택을 잘못하면 그만큼 낭패를 보게 된다.

언뜻 보기에 하나님이 어떤 사람에게는 복을 주시고, 어떤 사람에게는 주지 않으시는 것 같은데 실은 그렇지 않다. 주님은 복 있는 사람과 어리석은 사람의 삶의 방식에 대해 말씀해 주신다.

> 복 있는 사람은 악인들의 꾀를 따르지 아니하며 죄인들의 길에 서지 아니하며 오만한 자들의 자리에 앉지 아니하고 시 1:1

사람은 자신의 선택에 따라 결과를 책임져야 한다. 첫 사람 아담에게 하나님은 생명나무와 선악을 알게 하는 나무를 주셨다. 생명나무는 에덴동산 곳곳에서 볼 수 있었지만, 선악을 알게 하는 나무는 동산 중앙에 단 한 그루만 있었다. 하나님이 "선악을 알게 하는 나무의 열매는 먹지 말라 네가 먹는 날에는 반드시 죽으리라"(창 2:17)라는 경고의 말씀을 주셨다. 그런데도 아담은 선악과를 선택했고, 그 대가는 처참했다. 세상에 죄가 들어왔고, 죄의 삯인 사망이

들어왔으며, 그로 인해 모든 문제가 시작되었다.

하나님은 아담이 선악과를 따 먹을 것을 미리 아셨을 텐데도 왜 그에게 선악과를 주셨을까 하는 의문을 가질 수 있다. 게다가 하나님은 선악과를 따 먹은 아담에게 즉시 벌을 내리지 않으셨다. 죄를 범한 아담에게 찾아와 "네가 어디 있느냐?" 물으며 회개할 기회를 주셨을 뿐이다.

'나는 누구이며 무엇으로 사는 사람이어야 하는가?'

오늘을 살아가는 우리에게도 하나님이 선택권을 주신다. 우리가 선택을 잘하면, 하나님이 기쁨으로 예비된 축복을 안겨 주신다. 그러나 어리석은 선택을 하면 그대로 놓아두신다. 마치 아무것도 못 하신다는 듯이 말이다. 하지만 하나님은 아무것도 못 하시는 것이 아니라 돌이킬 기회를 반복해서 주실 뿐이다.

주님은 좁은 길과 넓은 길 중에 복된 길을 선택하라고 하신다. 우리는 신앙의 집을 반석 위에 지을 수도 있고, 모래 위에 지을 수도 있다. 우리에게 선택의 기회를 주신 것은 마음대로 하라는 뜻이 아니다. 복 주시는 하나님은 우리가 더 좋은 선택을 하길 원하신다. 우리는 겉으로는 양 같은 신앙인처럼 보이는데 내면은 염소일 수 있다. 하나님은 우리가 복된 선택을, 영적인 선택을 하기까지 기다려 주신다.

하나님의 경고를 무시하고 거절을 선택한 바로는 개구리 재앙이라는 대가를 지불하게 되었다. 나일 강에서 올라온 개구리들이 바로의 궁과 침실과 화덕뿐 아니라 애굽 온 땅을 덮었다. 개구리로 재앙을 일으키는 것은 창조주 하나님만이 하실 수 있는 이적이다.

약한 것으로 강한 것을 부끄럽게 하시다

왜 두 번째 재앙으로 개구리 재앙이 일어났을까? 사실, 그 이유는 알 수 없다. 성경에 기록된 기적이나 말씀을 이해하려고 지나치게 애쓰다 보면 인위적으로 해석할 수 있다. 신비롭게 해석하면 그럴듯해 보일지 몰라도 곡해의 함정에 빠질 수 있다. 하나님의 모든 말씀을 이해할 수 있다면 그게 오히려 더 이상한 것이 아닐까? 개구리 재앙이나 다른 재앙들도 마찬가지다. 왜 하필 개구리이며, 왜 하필 파리인지는 알 수 없다. 성경이 드러내 보여 주는 선까지만 가야 한다. 다만 분명한 것은 하나님이 개구리 재앙을 미리 경고하셨으며, 하나님이 애굽 온 땅에 개구리를 보내셨다는 것이다.

하나님은 재앙을 보내기 전에 경고의 말씀을 주셨다. 그러니 재앙의 책임은 경고를 받은 자에게 있음이 분명하다. 하나님은 악한 자에게도 진노를 점진적으로 쏟아부으신다. 소돔 성과 니느웨 성에 그러하셨듯이 회개의 기회를 주신다. 한 영혼이라도 멸망하기를 원하시지 않기 때문이다. 하나님은 호랑이나 사자 같은 맹수를 보내실 수도 있었다. 그런데도 사람들이 한낱 미물로 여기는 개구리를 보내 바로를 공격하셨다.

사실 개구리는 개굴개굴 소리 내며 펄쩍펄쩍 뛰어다녔을 뿐이다. 헤아릴 수 없을 정도로 많은 개구리가 사방에서 튀어 오르자 애굽 온 땅이 공포에 사로잡혔다. 시도 때도 없이 밀려오는 개구리 앞에 애굽 군대의 칼과 창은 속수무책이었다.

재미있는 사실은, 개구리들이 바로를 전혀 두려워하지 않았다는 것이다. 바로가 아무리 "썩 물러가라" 하고 소리쳐도 개구리는 그냥 개굴개굴 노래할 뿐이었다.

지금까지 바로는 세상 어디에 자기를 두려워하지 않는 존재가 있다는 생각을 해 본 적이 없었다. 세상 사람 모두가 바로라는 이름 앞에 벌벌 떨면서 두려워했기 때문이다. 애굽의 바로는 스스로 자신을 대단한 존재로 여기며 살아있는 신이라 자처했다. 그런데 개구리를 아무리 밀어내고 죽여도 그의 조용한 일상은 돌아오지 않았다. 천하의 바로가 한낱 개구리 앞에 무력감을 느꼈다.

사소한 문제 하나 해결할 수 없는 것이 인생이다. 그래서 많이 가질수록, 많이 배울수록 겸손해지는 사람이 지혜자다. 자기 힘을 믿고 스스로 이름을 내려다가 무너지는 사람들이 부지기수다. 작아 보여도 작은 것이 아닐 수 있고, 크고 강한 것이 영원히 그러라는 법은 없다. 하나님은 겨자씨 하나로 천국을 일구고, 마른 뼈로도 위대한 역사를 이루어 내는 분이시다.

하나님은 대단한 것들로 바로를 굴복시키지 않으셨다. 개구리 재앙을 뒤이을 재앙들도 마찬가지로 보잘것없는 것들의 공격이다. 이, 파리, 우박, 메뚜기와 같이 하찮은 것들이 바로를 공격했다. 참으로 하나님은 "세상의 약한 것들을 택하사 강한 것들을 부끄럽게"(고전 1:27) 하신다.

기드온의 300 용사를 보라. 32,000명도 아니요, 10,000명도 아니요, 단 300명으로 메뚜기 떼 같은 미디안 군대를 이기게 하셨다. 힘으로, 능으로가 아닌 오직 여호와의 신으로 말미암은 것이다. 하나님은 어떤 피조물로도 당신의 뜻을 이루어 내실 수 있다. 목동 다윗을 세워 골리앗을 물리치셨다. 다윗이 골리앗에 맞설 때 '칼이나 창'은 필요 없었다. 오직 '만군의 여호와의 이름'으로 충분했다.

나는 사역자의 길을 가는 데엔 화려한 명함이 필요 없다는 사실을 깨달았다. 어느 목사님이 내게 말했다.

"유 목사는 그릇이 커서 좋겠어요. 그릇이 크니 크게 쓰임 받잖아요."

"아닙니다. 저는 그릇이 작습니다."

"그릇이 작은데 어떻게 이렇게 크게 쓰임 받는단 말입니까?"

"제 그릇은 작지만 굳게 믿는 것이 한 가지 있습니다. 제 작은 그릇에 지구를 담을 수 있는 분이 계시다는 믿음입니다. 겨자씨 안에 수천, 수만의 생명을 담아내시는 분이지요. 하나님은 그런 분이십니다."

내가 약하고 부족해서 큰일을 못하는 것이 아니다. 사람 안에 뭐 그리 대단한 것이 들어 있겠는가?

진짜 문제를 모르면 해결할 수 없다

바로는 애굽의 요술사들을 불러 나일 강에서 개구리를 불러올리게 했다. 그는 모세를 통해 내리신 하나님의 재앙을 자기 신하들도 똑같이 재현해 낼 수 있다고 생각했다. 그러나 바로의 요술사들은 개구리를 올라오게 할 수는 있어도 개구리를 없애지는 못했다. 사람의 재주는 거기까지다. 자기 힘과 재주를 믿고 하나님과 겨루려는 사람은 어리석다. 그러다가 개구리 앞에 무너지지 않았던가?

바로는 자기에게 닥치는 재앙이 하나님의 계획 가운데 하나씩 이루어지는 것임을 차차 인식하게 될 것이다. 그는 처음에는 개구리 재앙을 우습게 여겼다.

"이까짓 개구리가 내게 무슨 해를 끼칠 수 있다는 말인가?"

사람의 고정관념은 피조물을 약한 것과 강한 것으로 나눈다. 그러나 사실 주목해야 할 것은 피조물보다 창조주다. 즉 어떤 재앙인가보다 중요한 것은 그 재앙을 누가 보냈는가이다. 사람도 마찬가지다. '내 마음에 드느냐, 안 드느냐'보다 중요한 것은 '그를 보내신 이가 누구인가'이다. 다윗이 자신을 죽이려는 사울을 함부로 할 수 없었던 것은 그가 하나님이 세우신 왕임을 알았기 때문이다.

이스라엘 백성이 하나님은 어떤 분이시며 자기가 누구인지를 깨닫기 위해서는 열 가지 재앙이라는 과정이 필요했다. 이 과정을 거치고 나서야 비로소 자신을 '하나님의 백성, 하나님의 장자'로 인식할 수 있을 것이다.

다윗이 골리앗을 향해 달려갈 수 있었던 것은 골리앗을 잘 알아서가 아니라 자기 자신을 잘 알았기 때문이다. 그만큼 하나님 안에서 갖는 자기 확신이 중요하다. 세상은 말한다.

"대적 골리앗을 이기기 위해서는 그에 대해 샅샅이 알아야 한다. 손에 칼과 창을 쥐고 갑옷도 갖춰 입어야 한다."

그러나 대비를 아무리 철저하게 해도 큰 문제 앞에서는 이내 한계를 드러내고 만다. 이것은 역사 속에서 이미 확인된 바다. 다윗의 힘은 만군의 여호와의 이름에서 나왔다. 그 이름이 당신의 것이다.

결국, 바로는 하나님이 보내신 개구리 떼 앞에서 한계를 느끼고 말았다. 개구리가 무서운 것은 그 존재 때문이 아니라 하나님이 보내셨기 때문이다.

개구리 재앙으로 두려움에 사로잡힌 바로가 기도를 부탁했다.

> 바로가 모세와 아론을 불러 이르되 여호와께 구하여 나와 내 백성에게서 개구리를 떠나게 하라 내가 이 백성을 보내리니 그들이 여호와께 제사를 드릴 것이니라 출 8:8

애굽의 바로가 그 입술로 여호와 하나님을 언급하다니 놀라운 변화다. 처음에 바로가 했던 말을 기억하는가? 그는 "여호와가 누구이기에 내가 그의 목소리를 듣고 이스라엘을 보내겠느냐 나는 여호와를 알지 못하니 이스라엘을 보내지 아니하리라"(출 5:2)고 말했다.

　세상에서 자기가 최고라고 여겼던 바로가 모세에게 기도를 부탁했다. 문제 해결을 위한 방법이 자신 안에 없음을 깨닫고 마침내 항복한 것이다. 그는 이스라엘의 하나님은 예배를 받으시는 분이요, 이스라엘은 '하나님께 예배하는 백성'이어야 함을 말하고 있는 셈이다. 천하의 바로가 노예인 이스라엘 백성에게 기도를 요청했다. 그러나 그 기도는 일단 위기를 넘기고 보자는 뜻에서 구하는 이방인의 기도였다.

　진짜 문제는 개구리가 아니라 '죄'다. 개구리 문제가 해결된다고 해도 이제 겨우 두 번째 고비를 넘긴 것뿐이다. 아직도 고비가 여덟 개나 남아 있다. 바로가 계속 거절한다면, 하나님은 열 번이 아니라 백 번, 천 번까지도 싸우실 것이다. 바로는 회개가 없고 순종할 마음도 없는 상태에서 기도를 부탁했다. 죄 문제는 그대로 둔 채 당면한 문제를 해결하기만 하면 된다는 어리석은 생각에 요청한 기도다. "내 백성을 보내라"는 하나님의 요구는 외면하면서 어떻게 문제가 해결되기를 바랄 수 있는가? 누구든 죄의 근본을 외면한 채 문제 해결에만 관심을 둔다면 그 또한 어리석은 사람이다.

손바닥으로 하늘을 가리겠느냐

　기도를 부탁한 바로에게 하나님이 모세를 통해 물으셨다. 개구리 문제가 언제 해결되기를 바라느냐는 것이었다.

> 모세가 바로에게 이르되 내가 왕과 왕의 신하와 왕의 백성을 위하여 이 개구리를 왕과 왕궁에서 끊어 나일 강에만 있도록 언제 간구하는 것이 좋을는지 내게 분부하소서 출 8:9

하나님이 바로에게 선택의 기회를 줌과 동시에 시험거리를 주신 것이다. 개구리를 언제 떠나게 할지 그 시점을 바로가 결정해야 한다. 우리 같으면 고통이 너무 심하니 "오늘, 아니 지금 당장"이라고 할 것 같은데 바로는 무어라 답했는가?

> 그가 이르되 내일이니라 모세가 이르되 왕의 말씀대로 하여 왕에게 우리 하나님 여호와와 같은 이가 없는 줄을 알게 하리니 출 8:10

놀랍게도 그는 '내일'이라고 했다. 왜 '내일'이라고 했을까? 개구리 재앙을 하나님이 보내신 것이 아닌 우연이라고 여기고 싶은 마음이 아직 있었던 것이다. 기이하긴 하지만 얼마든지 일어날 수 있는 자연 현상 가운데 하나로 생각하고 싶었다. 내일까지 시간 여유를 둠으로써 혹시라도 저절로 사라질 여지를 남기고 싶어서다. 어떻게 해서라도 하나님의 하시는 일을 부정하고 폄훼하려는 인간의 불신이 보인다.

그러나 오늘을 살아가는 사람이 하나님을 거절하고자 아무리 몸부림친다 한들 하나님을 부정할 수 있는가? 하나님을 불신하고, 하나님의 존재를 부인하고자 하는 이들은 현실의 삶에서 일어나는 일들에 '우연히'라는 수식어를 붙이곤 한다. 하지만 우리 삶에 우연이란 없다. 하나님의 허락 없이 일어나는 일은 아무것도 없기 때문이다.

개구리 재앙을 겪고도 하나님을 부정하고 싶은 애굽의 바로. 악성 종기라는 재앙에도 여호와의 언약궤의 능력을 우연으로 치부하고 싶었던 블레셋 사람. 이들의 모습은 오늘을 사는 우리와 별반 다르지 않다. 그 안에 자리하고 있는 불신앙 때문이다.

하나님의 존재가 부담스러워서 모든 일에서 하나님을 빼고 말하고 싶은 욕구가 우리 안에 있다. 지금 자신의 삶에서 하나님의 이름이 들리는가? "기도하라. 용서하라. 욕심이 아닌 은혜로 살아가라. 네 해답은 하늘에서 와야 한다"고 말씀하시는 하나님의 음성이 들리는가?

열 가지 재앙을 통해 오늘 우리를 향해 보여 주신 하나님의 마음은 무엇일까? "나는 너의 하나님이라!"일 것이다. 하나님의 백성에게 하나님은 자신이 누구이며, 어떤 존재이며, 자신의 백성과 어떻게 관계 맺는 분인지를 확실히 보여 주셨다. 결국, 우리는 애굽의 바로도 인생을 자기 마음대로 살 수는 없었다는 사실을 확인하고 두 손을 들어야 한다. 하나님의 말씀은 누구도 거역할 수 없다.

"거절하면"과 "그리하면"을 통해 하나님의 말씀에 담긴 큰 원리를 배웠다. 당신을 향한 하나님의 사랑이 놀랍지 않은가? 바로에게 "거절하면"이라는 경고의 말씀을 주신 하나님이 그분의 백성에게는 언제나 "그리하면"이라는 소망의 말씀을 주신다. 우리 모두를 축복하기 원하시는 하나님의 마음이다.

오늘날까지 하나님은 당신의 하나님 되심을 나타내기 위해 우리의 불신과 씨름하고 계신다. 그러면서도 우리 가슴에 대고 말씀하신다.

"너는 내 아들이라!"

세 번째 재앙 출애굽기 8:16~19

이,
순종 없이 기적은 없다

애굽에 내린 세 번째 재앙은 온 땅의 티끌이 이가 된 사건이었다. 세상에서 가장 하찮아 보이는 미물이 사람과 가축을 괴롭히는 재앙이 되었다. 지금까지 두 번의 재앙과는 달리 세 번째 '이 재앙'은 예고 없이 일어났다.

여호와께서 모세에게 이르시되 아론에게 명령하기를 네 지팡

> 이를 들어 땅의 티끌을 치라 하라 그것이 애굽 온 땅에서 이가 되리라 출 8:16

말씀의 능력이 놀랍지 않은가? 하나님이 말씀하시고, 모세와 아론이 말씀에 순종하니 애굽 온 땅의 티끌이 이가 되었다. '이'로 번역된 히브리어 단어는 '키님'인데, 정확한 번역이 어렵다. 때에 따라 이, 흰개미, 벼룩 등으로 번역된다. 하나님은 눈에 잘 보이지도 않는 미물로 애굽과 바로를 치셨다.

누가 보냈느냐가 중요하다

보잘것없는 이가 어떻게 애굽에 재앙이 될 수 있었을까? 하나님의 명령이 있기에 가능한 일이었다. 모든 사람에게 신처럼 군림하던 최고 권력자 바로가 개구리나 이처럼 볼품없는 것들에 몸을 낮추어야만 했다.

아론이 지팡이로 땅을 내려치는 순간, 온 땅의 티끌이 다 이로 변하여 사람과 가축을 가리지 않고 기어올랐다. 사람 몸에 들러붙어 흡혈하느라 가려움증을 유발했다. 그 괴로움은 상상 이상이었다. 하나님이 보내신 이로 구성된 특수부대 앞에 애굽과 바로가 손을 들었다. 이가 강해서가 아니라 하나님이 보내셔서 강했던 것이다.

앞서 말했듯이 열 가지 재앙에는 하나님의 중요한 원리가 담겨 있다. 그것이 '무엇'이냐보다 '누가' 그것을 보냈느냐가 더 중요하다는 것이다. 즉 보낸 이가 하나님이시므로, 한낱 미물일지라도 초강대국 애굽이 당해 내지 못할 만큼 강력한 힘을 발휘할 수 있었다. 조선시대에 암행어사가 무서웠던 것은 임금의 이름으로 보냄을 받았기 때문이다.

하나님은 이를 가지고 애굽 왕 바로의 항복을 받아 내셨다. 약한 것으로 강한 자를 꺾는 것이 하나님의 방법이다. 성경에서 이 원리를 아는 인물들은 강해지려고 아등바등하지 않았다. 지금도 마찬가지다. 강한 사람만, 잘난 사람만 하나님의 일을 할 수 있는 것은 아니다. 이 원리를 잘 알았던 바울은 이렇게 말했다.

> 나에게 이르시기를 내 은혜가 네게 족하도다 이는 내 능력이 약한 데서 온전하여짐이라 하신지라 그러므로 도리어 크게 기뻐함으로 나의 여러 약한 것들에 대하여 자랑하리니 이는 그리스도의 능력이 내게 머물게 하려 함이라 고후 12:9

사람들의 관심은 '얼마나'에 있다. 즉 '가진 재산이 얼마나 되는가, 자격증은 얼마나 많은가, 얼마만큼의 능력을 갖췄는가'가 관심사다. 하지만 주님은 말씀하신다.

"너는 자신이 부족하다고, 연약하다고 말한다. 그러나 기뻐하라. 네가 약한 그때가 강함이라."

약함이 곧 강함이란 뜻이 아니다. 약하기 때문에, 부족한 부분을 하나님이 채워 주시기에 강하다는 뜻이다. 다시 말해 여백이 클수록 하나님의 채우심 또한 크다. 꺼져 가는 등불처럼 연약해서 제 힘으로는 도저히 살 수 없는 사람들이 있다. 하나님 없이는 살 수 없음을 고백하고 의지할 때, 그들은 오히려 강해진다. 세상사를 가만히 들여다보면, 똑똑한 사람보다 약간 부족해 보이는 사람이 더 잘나가는 경우를 본다.

바울은 자신의 약함을 자랑하며 하나님이 아니면 안 된다고 고백했다.

> 그러므로 내가 그리스도를 위하여 약한 것들과 능욕과 궁핍과 박해와 곤고를 기뻐하노니 이는 내가 약한 그 때에 강함이라 고후 12:10

오늘날 우리가 다윗을 기억하고, 바울의 가르침을 배우는 이유는 그들이 위대한 인물이어서가 아니다. 그들과 함께한 하나님이 대단하시기에 그들은 대단한 일을 해낼 수 있었다. 그들은 알았다. 자신이 약하면 약할수록 더욱 큰 하나님의 능력을 힘입을 수 있다는 것을 말이다.

티끌로 티끌을 벌하시다

티끌이 이가 되는 세 번째 재앙은 '예고 없이' 내려졌다. 이유는 너무나 분명하다. 하나님의 이름이 만홀히 여김을 받을 수 없었기 때문이다. 피와 개구리로 연거푸 재앙을 겪고 혼쭐이 난 바로가 마지못해 이스라엘을 보내겠다고 말했다.

그러나 개구리 재앙이 마무리되자 바로는 마음이 다시 완악해져 약속을 지키지 않았다. 하나님이 말씀하셨던 그대로다. 바로는 열 가지 재앙이 모두 일어날 때까지 계속해서 완강하게 버틸 것이다. 바로가 막강하기 때문이 아니었다. 하나님이 열 가지 재앙을 통해서 자신을 계시하기로 작정하셨기 때문이다.

하나님이 기다리신 것은 바로가 무릎을 꿇고 항복하는 것이 아니었다. 이스라엘 백성이 출애굽을 스스로 결정하기를 기다리셨다. 강제에 의해서가 아니라 자원하는 마음에서 출애굽 해야 하기에 재앙이 필요했다. 또한 그들이 여호와 하나님을 자신들의 하나님으로 인식하는 시간이 필요했다.

티끌은 하나님이 사람을 지을 때 사용하셨던 재료다.

> 여호와 하나님이 땅의 흙으로 사람을 지으시고 생기를 그 코에 불어넣으시니 사람이 생령이 되니라 창 2:7

흙으로 번역된 히브리어 단어는 '아파르'인데, 이것이 출애굽기 8장 16절에서는 티끌로 번역되었다. NIV 성경은 dust(먼지)로 번역했다. 만물의 영장이라 불리는 사람도 알고 보면 한 줌의 티끌이요 먼지로 만들어진 존재인 것이다.

흙으로 지어진 사람은 하나님의 섭리로 생기를 불어넣어 주시지 않았다면 짐승과 별반 다를 바가 없었다. 전도서 기자는 이렇게 말한다.

> 19 인생이 당하는 일을 짐승도 당하나니 그들이 당하는 일이 일반이라 다 동일한 호흡이 있어서 짐승이 죽음 같이 사람도 죽으니 사람이 짐승보다 뛰어남이 없음은 모든 것이 헛됨이로다 20 다 흙으로 말미암았으므로 다 흙으로 돌아가나니 다 한 곳으로 가거니와 21 인생들의 혼은 위로 올라가고 짐승의 혼은 아래 곧 땅으로 내려가는 줄을 누가 알랴 전 3:19~21

사람과 짐승의 차이가 무엇인가? 인생이나 짐승이나 혼을 가졌으되 그 마지막이 다른 이유는 무엇인가? 인생이 귀한 것은, 하나님이 그에게 생기를 불어넣어 생령이 되었기 때문이다. 영이신 하나님이 인간을 영적 존재로 지으셨다.

그러므로 하나님을 놓아 버린 인생은 짐승과 다른 점을 찾기가 어렵다. 게다가 하나님을 부정하는 진화론자들의 논리로 보면, 사람은 원숭이의 후손이니 사람과 짐승이 다르다고 말할 수 있을까? 과학이라는 이름으로 진화론을 숭배하는 것은 어리석은 일이다. 그런데도 창조론은 믿음의 영역이고, 진화론은 과학의 영역이라 논리적이라고 말하니 이상할 뿐이다.

영적 원리를 알면 진화론이야말로 허구이고, 창조론이 훨씬 더 논리적임을 알 수 있다. 생기를 불어넣기 전까지 사람은 티끌로 만들어진 존재일 뿐이었다. 영이신 하나님이 생기를 불어넣으셔서 생령, 곧 영적 존재가 되었으니 어떻게 사람이 천하보다 귀하지 않을 수 있겠는가? 사람을 영적 존재로 보지 못하면 원재료인 티끌만 보일 것이다.

내게도 하나님을 몰랐던 시절이 있다. 그때는 "호랑이는 죽어서 가죽을 남기고, 사람은 죽어서 이름을 남긴다"는 속담이 내게는 좌우명과도 같았다. '이름을 남기는 것'이 인생 최고의 목적이었다. 그런데 땅 위에 이름 석 자를 남긴들 무슨 유익이 있겠는가? 질병이나 사고로 건강을 잃으면 티끌처럼 사라지고 마는 존재에 불과하니 말이다.

사람이 영적 존재임을 확인할 수 있는 곳은 오로지 하나님 앞뿐이다. 그러므로 하나님을 놓아 버린 인생은 영적 존재로서 자신의 가치를 알 수 없다. 삶과 죽음이 자신의 선택에 달려 있다고 생각하며, 죽으면 모든 것이 끝난다고 믿는다. 하지만 절대 그렇지 않다. 그다음이 있기 때문이다. 죽음 후에는 천국과 지옥이 기다리고 있다. 이것이 우리가 예수를 믿어야 하는 이유다.

사람은 티끌로 만들어졌다. 그래서 이스라엘 백성은 죄인으로서 회개할 때면 베옷을 입고 티끌에 앉아 기도하곤 했다. 티끌같이 형편없는 존재라는 고백이 담긴 것이다. 죄는 하나님과 함께할 수 없기에 죄로 인해 하나님을 잃으면 사람은 티끌이 되고 만다. 사람들이 밟고 다니는 땅 위에 있는 것이 티끌이다. 그러니 티끌에 침을 뱉어도 뭐라 할 사람이 없다.

하나님의 손을 놓고 자신을 놓아 버리고 살다가는 깊은 슬픔에 빠질 수밖에 없다. 가지고 싶은 것을 다 갖는 인생은 없다. 그것이 사라지든지 내가 사라지든지 둘 중 하나다. 영원한 것은 오직 한 분, 하나님뿐이시다. 영원하신 하나님 앞에서 영원할 방법은 자신이 영적 존재임을 인식하는 것이다.

우리가 믿는 하나님은 '어떤 것이든 만들어 내실 수 있는 창조주'이시다. 재료가 좋아야만 하는 제약도 없으시다. 무에서 유를 창조하시는 분이기 때문이다. 사람을 들어 사용하실 때도 마찬가지다. 준비되어 있거나 자격을 갖추고 있어야만 쓰시는 분이 아니다. 그래서 하나님을 만난 사람들, 특히 성령으로 충만한 성도들은 자신의 부족함이나 환경을 탓하지 않는다.

하나님이 티끌에 입김을 불어 넣으시면 이가 되어 애굽을 괴롭히고 바로를 굴복시키고 만다. 티끌이라도 하나님의 손에 붙들리면 놀라운 일에 사용되지 않는가. 자신의 부족함과 연약함을 슬퍼하며 연민에 빠지는 것은 믿음 없음을 드러낼 뿐이다. 티끌 같은 존재라도 하나님이 손대시면 놀라운 역사가 일어난다.

사람이 아무리 대단해 보여도 티끌에 불과하다. 하나님을 모르는 인생은 결국 티끌 수준을 넘어설 수가 없다. 제아무리 화려해도 어느 순간 먼지처럼 사라지고 말 것이다. 사는 동안 막강한 권력을 행사했던 진시황이나 나폴레옹이나 히틀러도 모두 죽어서 흙으로 돌아갔다. 나를 키우려 하지 말고, 내 안에 있는 하나님을 향한 믿음을 키우라! 더 큰 믿음을 달라고 기도하라!

벌레 하나 못 만드는 능력자들

지금까지 애굽의 요술사들은 모세와 아론이 행하는 기적을 그대로 따라 함으로써 하나님의 능력을 별것 아닌 것으로 만들고자 했다. 그들도 물을 피처럼 물들였고, 개구리가 땅에 올라오게 하였다. 그러나 거기까지였다.

> 요술사들도 자기 요술로 그같이 행하여 이를 생기게 하려 하였으나 못 하였고 출 8:18a

티끌로 이를 만드는 데는 실패했다. 마술이 통하지 않은 것이다. 왜 그랬을까? 생명의 원천이 하나님께 있기 때문이다. 제아무리 재주가 많은 사람이라도 무생물체에 생명을 불어넣을 수 없다.

알파고 같은 첨단 로봇을 만들 수는 있어도 이나 개구리를 만들어 낼 수는 없다.

다윗은 "생명의 원천이 주께 있사오니"(시 36:9)라고 고백했다. 생명의 권위에 도전할 자격이나 능력을 갖춘 사람은 아무도 없다. 생명을 죽음에서 건지고, 영원히 살게 하실 수 있는 분은 오직 하나님 한 분뿐이시다. 생명과 부활은 하나님께 있다. 특히 하나님은 사람들에게 영생을 주시고자 한다. 선악과 사건 이후 모든 사람이 사망 가운데 있기 때문이다.

이 땅을 살아가는 사람들 가운데 죄와 사망에서 자유로운 사람은 아무도 없다. 아담의 후손인 우리는 태어나면서부터 죄인이요 사망을 짊어진 존재이기 때문이다. 죄를 지어서 죄인이 되는 것이 아니라 본질적으로 죄인이라 죄를 짓는 것이다. 죽음이 사망이 아니라 하나님을 모르는 가운데 태어나니 사망이다. 하나님을 모르는 인생, 하나님을 떠난 인생은 살아도 산 것이 아니다. 죄와 사망의 문제를 해결하기 위해 하나님이 사람의 몸을 입고 이 땅에 오셨다.

참 생명은 예수 그리스도 안에 있다. 예수 그리스도는 죄와 사망 가운데 있는 사람들에게 생명의 빛이 되어 주신다. 예수님만이 참 생명이시니 예수님을 영접해야 생명을 소유할 수 있다. 영원한 생명은 오직 예수 그리스도 안에 있다.

그 안에 생명이 있었으니 이 생명은 사람들의 빛이라 요 1:4

11 또 증거는 이것이니 하나님이 우리에게 영생을 주신 것과 이 생명이 그의 아들 안에 있는 그것이니라 12 아들이 있는 자에게는 생명이 있고 하나님의 아들이 없는 자에게는 생명이 없느니라 요일 5:11~12

생명의 주 예수 그리스도로 말미암아 죄와 사망에서 놓여 구원을 얻는다. 육체적이든 영적이든 생명은 오직 하나님께 있다.

그러므로 회개에 합당한 열매를 맺고 속으로 아브라함이 우리 조상이라 말하지 말라 내가 너희에게 이르노니 하나님이 능히 이 돌들로도 아브라함의 자손이 되게 하시리라 눅 3:8

티끌로 이를 만들고 돌들로도 아브라함의 자손이 되게 하는 일이 하나님께 놀라운 일이겠는가? 정말 놀라운 일은 사람 안에서 일어난다. 죄와 죽음의 운명을 안고 태어난 저주받은 존재가 하나님의 자녀가 되는 것이 진정한 기적이다. 하나님의 사랑과 능력으로 지옥에서 천국으로, 사망에서 생명으로 옮겨진다.

또한 변덕이 하루에도 몇 번씩 죽 끓듯 하던 내가 믿음을 지키고 있다는 것이 기적이다. 세상을 좋아하는 내가 하나님의 은혜로 사는 사람이란 고백을 하다니 감동이다. 사랑의 하나님이 당신을 하나님의 자녀로 삼아 주셨다. 하나님 없이는 살 수 없는 사람이 되게 하셨다. 그럼에도 때로 세상에서 잘나가는 사람이 부럽고 마음대로 살고 싶다. 하나님은 그런 나를 붙잡아 놓고 딱 한 마디만 하신다.

"너는 나 아니면 안 돼!"

순종으로 기적을 경험하라

애굽의 요술사들은 하나님의 이적을 흉내 낼 순 있어도 생명을 만드는 일만큼은 하지 못했다. 생명 창조에 관한 한 무능력하기 때문이다. '생명을 줄 수 있느냐 없느냐'가 성령과 거짓 영을 가리는 최후의 시금석이 될 것이다. 요술사의 고백을 들어보자.

> 요술사가 바로에게 말하되 이는 하나님의 권능이니이다 하였으나 바로의 마음이 완악하게 되어 그들의 말을 듣지 아니하였으니 여호와의 말씀과 같더라 출 8:19

그는 바로에게 "이는 하나님의 권능"이라고 말한다. 요술사의 입을 통해 하나님의 이름이 높여지고 있다. "지금 이 기적은 땅에 사는 사람으로 말미암은 것이 아니요 하나님의 권능"이라고 고백한 것이다. 하나님의 계획대로 '하나님의 하나님 되심'이 세상에 알려졌다.

하나님을 신실하게 믿는 사람에게 이런 날이 올 줄로 믿는다. 주변 사람들이 우리 삶을 보고 "이는 하나님의 권능이다"라고 말하는 날 말이다.

그동안 바로와 요술사들은 어떤 관계였는가? 바로는 무슨 일이 생길 때마다 요술사들에게 조언을 구하곤 했다. 그런데 이게 웬일인가. 그들이 하나님의 권능 앞에 무력함을 드러낸 것이다. 요술사의 고백을 들은 바로가 더 완악해졌다. 바로가 그들의 말을 듣지 아니하였으니 여호와의 말씀과 같았다.

사람은 하나님의 말씀을 들어야 살 수 있다. 안타깝게도 그동안 바로는 듣지 말아야 할 요술사들의 말만 들으며 살아왔다. 지금 이 순간에도 반드시 들어야 할 말씀은 듣지 않고 멸망의 길을 스스로 선택하다니 어리석기 짝이 없다. 이것이 불신앙의 모습이다.

어리석은 사람은 다른 말은 다 듣다가도 하나님의 말씀만은 듣지 않는 특징을 지녔다. 반면에 믿음의 사람은 많은 소음 속에서도 하나님의 음성을 잘 골라 듣는다. 주님이 내게 무슨 말씀을 하시는가 하고 귀를 쫑긋 세운다. 이런 면에서 모세와 아론은 진정 하나님의 사람들이었다.

하나님이 "네 지팡이를 들어 땅의 티끌을 치라, 그것이 애굽 온 땅에서 이가 되리라"라고 말씀하시자 모세와 아론이 그대로 행했다. 하나님의 말도 안 되는 요구에 "아멘"으로 순종한 것이다. 그들이 상황을 이해해서 순종했을까? 아니다. 모세도 모세이지만 아론에게서 배울 것이 있다. 아론은 비록 하나님의 음성을 직접 듣지는 못했지만 모세를 통해 들려주시는 말씀에 순종했다.

기적은 말도 안 되는 것처럼 보이는 요구에도 순종하는 사람들을 통해 일어나는 법이다. 하나님의 음성을 직접 들어야만 순종할 수 있는 것은 아니다. 이삭을 보라. 아버지 아브라함을 통해 들은 하나님의 요구에 순종하여 제물이 되어 번제단 위에 눕지 않았던가. 사람이 보기에는 바보 같은 일이지만 온전한 순종 덕분에 '여호와 이레'의 축복이 주어졌다. 순종 없이는 기적도 없다. 많은 축복을 예비해 놓으신 하나님은 순종을 요구하신다.

우리가 하나님의 기적을 경험하지 못하는 이유는 무엇인가? 그대로 행하는 순종이 없기 때문이다. 하나님은 '여호와 이레, 즉 그다음을 준비하시는 하나님'이시다. 출애굽의 위대한 구원 역사의 현장에 담긴 하나님의 마음을 읽을 수 있다는 것은 축복이다. 모세와 아론은 말도 안 되는 하나님의 명령 앞에 '그대로 행함'으로써 답했다. 그로써 하나님이 보내시는 재앙 앞에 초강국 애굽이 진동했다. 하나님의 경고를 무시하고, 하나님의 뜻을 거절할 때마다 결국 하나님의 영광이 드러나고 말 것이다.

성경의 모든 기적은 하나님을 더 아는 데서 일어나는 것이 아니라 순종함으로써 일어난다. 이것이 하나님의 역사다. 하나님의 일은 하나님이 하신다. 우리는 하나님이 일하실 것을 믿고 순종하기만 하면 된다. 순종하는 한 기적은 계속될 것이다. 모세와 아론, 그들은 하나님의 말씀을 그대로 행하였다 사람은 하나님의 말씀을 들어야 살 수 있다.

믿음의 사람은 많은 소음 속에서도

하나님의 음성을 잘 골라 듣는다.

주님이 내게 무슨 말씀을 하시는가 하고

귀를 쫑긋 세운다.

Part 2

자기 백성을 구별하시는 하나님

네 번째 재앙 출애굽기 8:20~24

파리,
내 백성을 고통 가운데 버려두지 않는다

하나님은 자기 백성을 애굽에서 해방시켜 그들로 하나님을 섬기도록, 즉 그들의 예배를 받으시려고 했다. 이것이 하나님이 이스라엘을 자기 백성으로 삼으신 첫 번째 이유다. 그러나 바로는 완악함으로 계속해서 거절했고, 네 번째 재앙이 그를 기다리고 있었다. 이번에는 파리 재앙이다.

> 여호와께서 모세에게 이르시되 아침에 일찍이 일어나 바로 앞에 서라 그가 물 있는 곳으로 나오리니 그에게 이르기를 여호와께서 이와 같이 말씀하시기를 내 백성을 보내라 그러면 그들이 나를 섬길 것이니라 출 8:20

하나님은 예배를 원하신다. 하나님은 자기 백성에게서 온전한 예배를 받기까지 절대 포기하지 않으신다. 이것은 하나님의 일방적인 욕심이 아니다. 예배야말로 하나님의 백성으로서 살아가는 기본 원리이기 때문이다.

예배란 무엇인가? 예배는 죄인이 하나님을 만나는 통로요, 하나님의 백성으로 거듭났음을 고백하는 행위다. 거룩하신 하나님이 하나님과 함께할 수 있는 길을 죄인들에게 열어 놓으신 문이다. 또한 하나님의 백성이 구별된 장소에서 세상으로부터 구별된 자기 자신을 발견하는 행위다. 예배는 하나님과 그의 백성 사이에 아주 중요한 요소다. 예배가 바로 서지 않으면 많은 것을 놓쳐 버리게 된다.

아담과 하와의 선악과 사건이 에덴동산에서의 추방으로 마무리되고 나서 인류 역사가 본격적으로 시작될 때 제일 먼저 소개된 것이 바로 예배다. 가인과 아벨이 드린 예배 말이다(창 4장).

구별하시는 하나님, 안식일의 의미

하나님이 사람을 영적 존재로 창조하신 것은 예배를 받기 위함이었다. 창조에 담긴 하나님의 마음을 보자.

> 하나님이 이르시되 빛이 있으라 하시니 빛이 있었고 창 1:3

빛을 창조하면서 시작된 창조의 여정은 6일째 사람을 지으시면서 절정을 맞는다.

> 하나님이 이르시되 우리의 형상을 따라 우리의 모양대로 우리가 사람을 만들고 그들로 바다의 물고기와 하늘의 새와 가축과 온 땅과 땅에 기는 모든 것을 다스리게 하자 하시고 창 1:26

창조의 역사를 완성하신 하나님이 "천지와 만물이 다 이루어지니라"(창 2:1) 하고 선포하셨다. 그리고 나서 7일째 안식하셨다.

> 하나님이 그가 하시던 일을 일곱째 날에 마치시니 그가 하시던 모든 일을 그치고 일곱째 날에 안식하시니라 창 2:2

창조를 마치신 후의 '안식'이다. 이것은 창조주 하나님이 6일

동안 창조를 마치신 후에 단순히 쉬셨다는 말이 아니다. 특별한 섭리 가운데 이날을 따로 떼어 구별하셨다는 뜻이다. 안식은 창조주 하나님이 7일째에 하신 가장 위대한 창조였다. 이날 비로소 창조가 완성되었다. 그러므로 6일 창조가 아니라 7일 창조라고 하기도 한다. 하나님의 안식은 6일간의 창조 사역으로 곤비하셨기 때문이 아니라 가장 위대한 창조를 위한 것이었다.

> 너는 알지 못하였느냐 듣지 못하였느냐 영원하신 하나님 여호와, 땅 끝까지 창조하신 이는 피곤하지 않으시며 곤비하지 않으시며 명철이 한이 없으시며 사 40:28

안식일 준수는 천지창조 이후 가장 먼저 생긴 규례다. 첫 사람 아담과 하와가 죄를 짓기 전부터 있었다. 안식일은 하나님 자신을 위한 것이 아니다. 하나님은 지치거나 곤비해지는 분이 아니기에 단순히 쉼을 위한 안식은 필요하시지 않다. 태초에는 하나님의 형상대로 창조된 인간도 피곤을 몰랐다. 사람의 곤비함은 세상에 죄가 들어온 다음에 생겨난 것이다. 그런데 하나님은 태초부터 안식을 선포하며 안식일을 제정하셨다. 하나님이 안식일을 따로 정하신 데는 분명한 목적이 있었다.

안식일은 하나님의 형상대로 창조된 사람을 특별히 만나 주시는 날이었다. 즉 사람을 창조하신 이유를 실현하는 날이었다. 육으로 창조된 인간이 영이신 하나님을 만날 수 있도록 따로 구별하신 날이다.

> 하나님이 그 일곱째 날을 복되게 하사 거룩하게 하셨으니
> 창 2:3a

"거룩하게 하셨다"는 것은 "따로 떼어 구별하였다"는 뜻이다. 그만큼 특별한 목적이 있다는 의미다. 하나님은 이날을 거룩한 날로 정하여 선포하셨다. 일곱째 날은 창조가 진행되었던 엿새, 즉 월요일부터 토요일까지와는 구별되는 날이었다. 거룩하게 하심으로써 구별하신 일곱째 날은 십계명을 통해 안식일로 선포되었다.

> 네 하나님 여호와가 네게 명령한 대로 안식일을 지켜 거룩하게 하라 신 5:12

안식일 준수 명령은 하나님이 목적을 가지고 이날을 따로 떼어 구별하셨던 것처럼 우리도 목적을 가지고 이날을 따로 떼어 구별하라는 뜻이다. 그날에 영이신 하나님이 영적 존재인 사람들을 만나 예배를 받고, 그들에게 복을 주실 것이다. 이것이 안식일의 의의다.

신약시대에도 안식일은 하나님이 믿음으로 거듭난 백성을 만

나 주시는 날이요, 그들이 구별된 장소에서 하나님께 예배드림으로써 자신이 하나님의 백성임을 확인하는 날이었다. 이 땅에 살면서도 땅에 속하지 않고 하늘에 속한 존재임을 확인하며, 주님이 다시 오실 날을 기다리며 믿음을 고백하는 예배의 날이었다.

모세는 "안식일을 기억하여 거룩하게 지키라"(출 20:8)는 하나님의 말씀을 선포했다. 이것은 십계명 중 네 번째 계명이다. 안식일이 삶의 중심이 되어야 한다는 뜻으로 주신 말씀이다. 주일이야말로 일주일 중에 가장 중요한 날인 것이다. 다른 날 열심히 사는 이유는 오로지 주일을 잘 살기 위해서다.

일주일 중 어느 날이 우리 삶의 중심 역할을 하는지 살펴봐야 한다. 한 주간 열심히 살기 위해 필요한 쉼을 얻는다는 의미로 안식일을 조연 취급하고 있지는 않은가? 안식일 준수는 삶의 중심에 무엇이 있는가의 척도가 된다. 즉 예배 중심의 삶인지 아니면 세상 중심의 삶인지를 가늠할 수 있다는 뜻이다.

그리스도인의 성공적인 삶은 예배의 성공으로부터 온다. 반면에 성도의 실패는 곧 예배의 실패에서 비롯된다. 예배가 무너지면 세상에서 제아무리 멋진 사람이라도 멋진 그리스도인이 될 수는 없다. 하나님이 우리를 예배자로 부르셨다는 사실을 잊어서는 안 된다.

하나님은 모세와 아론을 통해 바로에게 네 번째 재앙을 예고하셨다.

> ²⁰ 여호와께서 이와 같이 말씀하시기를 내 백성을 보내라 그러면 그들이 나를 섬길 것이니라 ²¹ 네가 만일 내 백성을 보내지 아니하면 내가 너와 네 신하와 네 백성과 네 집들에 파리 떼를 보내리니 애굽 사람의 집집에 파리 떼가 가득할 것이며 그들이 사는 땅에도 그러하리라 출 8:20b, 21

20절에서 "섬기다"란 "예배하다"와 같은 의미다. 주일에 하나님 앞에 나아와 예배하는 것은 구원받은 백성이 마땅히 해야 할 삶의 기본 원리다. 주님 앞에 나아가는 것이, 예배자로 사는 것이 불편하게 느껴지는가? 아니면 주님 앞에 예배할 날만을 사모하며 기다리는 행복을 누리며 살고 있는가? 하나님을 믿는다면 기쁨과 감격이 넘치는 예배 가운데 신앙생활을 해야 한다.

예배의 감격을 맛보았는가? 예배가 우리에게 얼마나 큰 축복인지 아는가? 예배의 갈급함을 느껴 보았는가? 은혜의 갈급함을 느껴 보았는가? 예배 중에 은혜받는 기쁨을 모른다면 둘 중 하나다. 처음부터 은혜의 맛을 몰랐거나 아니면 영적으로 병들어 있다는 뜻이다.

은혜로 채워져야 할 부분이 있다. 예배 때마다 하나님으로부터 오는 은혜에 대한 감격으로 넘쳐나야 한다. 유대 속담에 "유대인은 안식일을 지키고, 안식일은 유대인을 지킨다"라는 말이 있다.

예배는 우리에게 축복이다. 예배야말로 하나님이 우리를 자녀 삼으신 첫 번째 이유이기 때문이다.

재앙 안에 은총이 있다

하나님은 왜 이, 파리, 모기와 같이 백해무익한 것들을 만드셨을까 하는 의문이 든다. 인생에 아무 유익이 없으니 없어도 무방하지 않은가 싶기도 하지만, 하나님의 창조 명부에는 이들 해충의 이름도 버젓이 올라가 있다.

자연 질서 안에서 발견할 수 있는 하나님의 주권이 있다. 해충들의 수가 터무니없이 증가하지 않고 적당한 수준에서 조절된다는 것이다. 파리나 모기를 잡는다고 해서 그 수가 현격히 줄어드는 것도 아니고, 잡지 않는다고 해서 급격히 늘어나는 것도 아니다. 만일 해충이 너무 많아진다면 살기가 힘들 것이다.

은총과 재앙의 차이가 무엇인가? 적당한가 아니면 지나친가의 문제다. 비가 적당히 내리면 은총이지만 넘치게 내려 홍수가 나면 재앙이다. 햇빛이 적당히 비추면 은총이지만 지나치게 많이 비추면 오히려 생물이 죽으니 재앙이다. 그늘 없는 곳에서의 햇볕은 살상 무기가 될 수 있다. 완전한 어둠 또한 생명을 쫓고 죽음을 부르기는 마찬가지다.

돈은 좋은 것이지만 지나치게 좇느라 돈이 삶의 중심이 되어 버리면 재앙이 될 수 있다. 돈으로 인해 믿음에서 떨어지는 사람이 얼마나 많은가. 자칫하면 돈 때문에 영원한 삶에서 재앙의 구렁텅이로 영영 빠져 버릴 수도 있다. 살다 보면 모자란 것이 오히려 축복이 되고 넘치는 것이 가시가 될 수 있음을 배우게 된다. 인간이나 짐승이나 모두 하나님의 주권 아래 있으니 범사에 은혜가 아닌가.

생물의 개체 수는 하나님의 주권 아래 있다. 하나님이 조절해 주시지 않으면 사람이 살아갈 수 없다. 파리, 이, 모기, 빈대 등도 적당하기만 하면 은총이 된다. 땅속에 지렁이가 있어야 하고, 배추에 배추벌레가 있어야 하는 것처럼 모기 같은 미물도 자연 질서에 필요하기에 창조하셨다. 사람의 생각에 파리나 모기 같은 해충이 왜 있어야 할까 싶지만, 이 또한 하나님이 창조하신 이유가 있는 것이다. 사실 하나님이 지으신 모든 피조물은 저마다 존재 이유가 있다.

모기, 이, 벼룩 등이 필요한 이유가 무엇인가? 이런 것들에 물림으로써 신체에 면역력이 생긴다. 천연 예방 주사인 셈이다. 벌에 쏘여 본 적이 있는가? 벌에 쏘이면 죽을 것처럼 아프긴 해도 이겨 내기만 하면 오히려 건강에 도움이 된다.

요즘 아이들에게 아토피가 심한 것은 지나치게 깨끗한 환경 탓이라고 한다. 병균과 싸워 본 적이 없으니 신체가 병균을 이겨 내는 방법을 모르는 것이다. 주변이 깨끗하다고 해서 건강이 보장되는 것도 아니고, 지저분하다고 해서 병에 걸리는 것도 아니다. 아이들을 키우다 보면 깨끗한 것이 오히려 해가 되는 경우가 있다.

아무거나 만지고 아무 데서나 놀며 자란 아이가 더 건강할 수 있다. 근래 사회적으로 큰 문제가 되었던 메르스나 사스 등 전염성 질병도 사실 사람의 면역력이 약해져서 나타난 현상이다. 옛날부터 있었던 병균들인데도 의학이 발달한 현대를 사는 우리가 옛날 사람들보다 오히려 더 맥을 못 춘다.

파리 같은 해충들이 그냥 날아다니는 것 같지만, 사실 하나님의 지휘 아래 있다. 해충은 환경의 청결도를 가늠하는 척도 역할을 한다. 불결한 곳일수록 파리나 모기가 극성스럽게 떼를 지어 날아다니지 않던가. 생각할수록 해충은 우리 삶에 절대적으로 필요한 존재다.

주변에 파리나 모기 같이 백해무익하게 느껴지는 사람들이 있다. 마주칠 때마다 멀리 쫓아 버리고 싶지만, 영적으로 보면 그들 또한 하나님이 붙이신 사람들이다. 억울하게 하고 힘들게 하는 사람들 앞에서 자신의 영적 건강을 가늠해야 한다. 그들에게 어떻게 반응하느냐가 영적 건강의 척도가 되기 때문이다.

8대2 인생 법칙이 있다. 인생에서 만나는 좋은 사람이 8명이면 나를 힘들게 하는 사람이 2명 정도는 된다는 뜻이다. 해충의 수를 조절하듯 악한 자의 수를 조절해 주시는 하나님의 배려라고 할 수 있다. 사회에서, 교회에서 나를 힘들게 하는 사람을 만나면 어찌 된 일이냐고 물을 게 아니라 자신의 영적 건강을 살피며 극복해 나가야 할 것이다.

여호와께서 온갖 것을 그 쓰임에 적당하게 지으셨나니 악인
도 악한 날에 적당하게 하셨느니라 잠 16:4

너는 악인의 형통함을 부러워하지 말며 그와 함께 있으려고
하지도 말지어다 잠 24:1

너는 행악자들로 말미암아 분을 품지 말며 악인의 형통함을
부러워하지 말라 잠 24:19

 다윗은 자신을 죽이려는 사울을 피하는 것으로 문제를 해결하려고 하지 않았다. 오히려 하나님 앞에서 사울을 인정하며 용서와 사랑으로 품었다. 하나님이 붙여 주신 사람을 자기 마음에 들지 않는다고 거절하고 피한다면 하나님께 받을 복이 있겠는가? 하나님은 우리가 꺼리는 사람과 환경을 통해 복을 주신다.
 하나님은 "원수의 목전에서 내게 상을 차려 주시고 기름을 내 머리에"(시 23:5) 부어 주시는 분이다. 이 말씀을 역으로 생각하면, "원수가 없으면 상도 없다"는 뜻이다. 고난 안에 복이 있다. 내 마음에 들지 않고, 나를 힘들게 한다고 해서 사람이나 환경을 거절한다면 받을 복을 버리는 셈이다. 그러니 힘들어도 마음을 열고 품어야 한다. 우리는 영원히 싫은 사람도 없고, 영원히 좋은 사람도 없다는 사실을 인생을 통해 배우게 된다. 그러므로 자신이 처한 환경이나

만나는 사람들을 모두 하나님이 붙여 주신 것으로 믿고 사는 것이 삶의 지혜다. 세상에 없어도 되는 사람은 없다.

하지만 주변에 영적 파리 떼, 모기떼가 모여들지 않도록 주의해야 한다. 영적으로 파리나 모기 같은 역할을 하는 사람들은 누구인가? 다른 진리를 말하는 사람들, 원망하고 불평하고 매사에 부정적인 사람들이다. 가능한 한 좋은 영향을 주는 사람들을 만나야 한다. 내 믿음을 흡혈하듯 빨아들이고, 병균 같은 시험거리나 옮기는 사람은 멀리해야 한다. 아울러 불신앙에 전염되지 않도록 영적 건강을 돌봐야 한다.

내 백성과 바로의 백성을 구별하리라

> 22 그 날에 나는 내 백성이 거주하는 고센 땅을 구별하여 그 곳에는 파리가 없게 하리니 이로 말미암아 이 땅에서 내가 여호와인 줄을 네가 알게 될 것이라 23 내가 내 백성과 네 백성 사이를 구별하리니 내일 이 표징이 있으리라 출 8:22~23a

이때까지 벌어진 세 가지 재앙은 애굽과 이스라엘이 함께 겪었다. 물이 피가 되거나 개구리가 하수에서 올라오거나 티끌이 이가 되어 공격할 때, 고센 땅에 있던 하나님의 백성도 함께 고생했다. 하나님은 애굽에 내려진 재앙을 이스라엘이 일정한 범위 안에서 경험하도록 하셨다. 아직 하나님의 백성을 따로 구별하지 않으셨던 것이다. 물이 피로 변하는 재앙 가운데 이스라엘 백성도 마실 물을 구하기 위해 동분서주해야 했고, 하수에서 올라온 개구리들이 이스라엘 백성이나 애굽 백성이나 가리지 않고 온 집에 들끓었다. 경고 없이 주어졌던 세 번째 재앙인 이 때문에 괴로움을 겪어야 했다.

그러나 하나님은 당신의 백성이 언제까지나 세상과 함께 고난을 받게 하지는 않으셨다. 네 번째 재앙인 파리 재앙에서 애굽과 고센을 구별하셨다. 하나님은 선인이나 악인이나, 의로운 자나 불의한 자나 햇빛을 고루 비추고, 비를 똑같이 내려 주시기는 하지만 때가 되면 선인과 악인을, 의로운 자와 불의한 자를 반드시 구별하신다.

당신의 때가 이르니, 하나님은 이스라엘 백성을 구별하실 뿐만 아니라 그들이 거주한 땅도 구별해 주셨다. 그때부터 이스라엘 백성은 애굽에 살아도 바로의 백성이 아닌 하나님의 백성이요, 고센 땅도 애굽의 울타리 안에 있지만 하나님의 은총이 머무는 곳으로 변했다. 애굽 백성이 사는 땅은 파리 때문에 황폐해졌지만 이스라엘 백성이 거주하는 고센 땅에는 파리 떼가 얼씬도 하지 못했다. 구별된 하나님의 백성이 사는 구별된 하나님의 땅이기 때문이다. 이처럼 하나님은 당신의 백성에게 구별의 은혜를 베풀어 주셨다. 출애굽 역사만 그런 것이 아니다. 오늘날에도 성도를 세상 사람과 구별해 주시는 특별한 은혜가 있다.

말라기 시대에 사람들 사이에 갈등이 있었다. "교만한 자가 복되다 하며 악을 행하는 자가 번성하며 하나님을 시험하는 자가 화를 면한다"(말 3:15)고 한탄하며 하나님을 믿는 것이 무엇이 유익한가에 대한 갈등이었다. 이런 갈등에 대해 하나님이 말씀을 주셨다.

> 만군의 여호와가 이르노라 나는 내가 정한 날에 그들을 나의 특별한 소유로 삼을 것이요 또 사람이 자기를 섬기는 아들을 아낌 같이 내가 그들을 아끼리니 말 3:17

하나님은 악한 세대에게 당하는 주의 백성을 언제까지나 고통 가운데 버려두지 않으신다.

> 그 때에 너희가 돌아와서 의인과 악인을 분별하고 하나님을 섬기는 자와 섬기지 아니하는 자를 분별하리라 말 3:18

하나님이 정하신 날, 하나님이 정하신 때가 있다. 그때에는 하나님이 나를 아신 것처럼 나도 하나님을 알게 될 것이다. 지금은 오직 믿음으로 하나님을 알지만, 그날에는 눈으로 보게 될 것이다. 그날에 아브람이 아브라함이 되었다. 다윗은 그 정하신 날이 올 것을 믿고 자신을 죽이려는 사울을 견디며 기다렸다. 요셉은 그 정하신 날에 사람의 말이 아닌 하나님의 말씀을 전할 수 있었다.

> 당신들이 나를 이 곳에 팔았다고 해서 근심하지 마소서 한탄하지 마소서 하나님이 생명을 구원하시려고 나를 당신들보다 먼저 보내셨나이다 창 45:5

그날에 하나님이 성도의 눈물을 닦아 주실 것이다. 바울은 사랑장이라 불리는 고린도전서 13장에서 이렇게 말했다.

> 지금은 내가 부분적으로 아나 그 때에는 주께서 나를 아신 것 같이 내가 온전히 알리라 고전 13:12b

그날에 우리가 하나님을 보고 알게 되리라는 바울의 말은 무엇인가? 그날이 있으니 그날이 올 때까지 서로 사랑하며 살자는 것이다. 그날이 있으니 우리 서로 용서하며 살자는 것이다. 그날이 있으니….

> 모든 것을 참으며 모든 것을 믿으며 모든 것을 바라며 모든 것을 견디느니라 고전 13:7

우리를 구별하여 자녀 삼아 주신 하나님의 사랑을 알고, 세상에 살지만 구별된 하나님의 백성으로서 분명한 자기 확신을 가져야 한다. 다윗은 골리앗 앞에서 "나는 만군의 여호와의 이름으로 네게 나아가노라" 하고 목소리를 높였다. 선지자는 모진 아픔 가운데서도 "나는 여호와의 보시기에 존귀한 자라"(사 49:5, 개역한글) 하고 외쳤다. 이는 그날을 믿는 하나님의 사람들이 외치는 믿음의 선포다. 그러므로 그날이 있음을 믿는 우리는 험한 고갯길을 함께 넘을 수 있다. 하나님이 우리에게 이렇게 말씀하시는 듯하다.

"그날, 그 정한 날에 너희가 나를 여호와인 줄, 너희 하나님인 줄 알리라."

그날이 오면 우리는 말씀이 아닌 실제로 알게 될 것이다.

그리스도인의 정체성 　출애굽기 8:25~32

너는 하나님께 속한 사람이라

　　출애굽이라는 구원의 역사를 통해 우리 그리스도인들이 잊지 말아야 할 것이 있다. 하나님이 당신의 백성을 절대 포기하지 않으시는 것처럼, 마귀도 쉽게 포기하지 않는다는 사실이다. 포기할 줄 모르는 마귀의 끈질김은 단연 금메달감이다. 출애굽 기록을 통해 우리는 마귀의 집념이 얼마나 대단한지를 알 수 있다. 성경은 마귀의 집요함에 대해 성도들에게 이렇게 권면한다.

> 근신하라 깨어라 너희 대적 마귀가 우는 사자 같이 두루 다니
> 며 삼킬 자를 찾나니 벧전 5:8

마귀의 '적당히'라는 유혹을 경계하라

마귀는 하나님의 백성을 쉽게 포기하지 않는다. 바로는 개구리, 이, 파리 등으로 온갖 곤욕을 치른 후에도 항복하지 않았다. 두 손을 들어 항복하기보다 간교하게 양보하는 척하며 부분적인 타협안을 제시하곤 했다.

> 바로가 모세와 아론을 불러 이르되 너희는 가서 이 땅에서 너
> 희 하나님께 제사를 드리라 출 8:25

얼마나 달콤한 말인가? 부자 나라 애굽을 떠나지 않고도 하나님께 제사 드릴 수 있다니 말이다. 이는 사람들이 이런 타협안에 넘어가는 이유다. 애굽에서 노예로 사느라 고달프긴 하지만 물질적인 풍요와 쾌락이 있으니 포기하기가 싫은 것이다. 애굽 땅이 얼마나 매혹적이었던가. 훗날 출애굽에 성공한 이스라엘 백성이 다시 돌아가고 싶어하던 땅이 아니었던가.

'예수 믿기 전이 더 좋았어.'

믿음 생활을 오래 해 온 성도 중에 이런 생각을 하는 사람이 있

을지도 모른다. 이스라엘 백성 중에 광야에서 하나님을 마음껏 섬기면서도 그 생활이 너무 무미건조하고 지루하게 느껴져 역동적이며 화려했던 애굽을 추억하는 이들이 있었던 게 사실이다. 그들에게 광야는 은혜의 장소가 아니라 삭막한 곳일 뿐, 하나님을 섬기는 일이 즐겁게 느껴지지 않았던 것이다.

어떤 그리스도인은 예수를 믿은 후, 삶이 지루하고 재미없어졌다고 말한다. 그들은 교회에 다니면서도 세상이 주는 만족을 추구한다. 구원이나 은혜 등 신실한 그리스도인들이 맛보는 영적 기쁨의 가치를 이해하지 못한다. 몸은 교회에 있어도 마음은 온통 세상 재미로 가득하다. 마귀가 이것을 놓칠 리 없다. 마귀는 세상 재미를 미끼로 성도들의 목을 마음껏 조인다. 세상의 노예로 만들어 버리는 것이다.

신앙생활을 할 때 경계해야 할 것이 바로 '적당한 타협'이다. 특히 자신과의 타협을 경계해야 한다. 일단 타협하고 나면 뭐든지 적당히 하기 마련이다. 적당한 타협은 그리스도인들을 무서운 함정에 빠트린다. 교회 안에도 이 함정에 빠져서 뜨겁지도 차갑지도 않은 신앙생활을 하는 그리스도인들이 적지 않다.

바로는 타협안을 제시함으로써 문제를 해결하려고 하지만, 사실 그렇게 해서 해결될 문제가 아니다. 영적 전쟁에서는 부분적인 승리로 절대 진정한 승리를 이룰 수 없다. 적당한 선에서 이루어진 타협은 훗날 더 큰 전쟁의 실마리만 될 뿐이다. 믿지 않는 가족의 반대에 부딪히고, 직장에서 날마다 선한 싸움을 하느라 곤비한 그리스도인들이 많다. 그렇게 싸우다 보면 자기도 모르게 '이 정도면 되지 않을까' 하며 타협점을 찾게 된다. 지친 마음에 싸움을 멈추고 싶은 생각이 간절해진 것이다. 외부와의 선한 싸움이 어느덧 내적 갈등으로 바뀐다.

영적 세계를 모르는 세상 사람들은 그리스도인이 매일 치르는 선한 싸움을 이해하지 못한다. 그들은 힘들어하는 그리스도인들에게 적당히 하라고 충고한다. 적당히 하라는 말은 너무 쉬운 해결책처럼 들린다. 그러나 영적 현실은 그렇지 않다. 적당히 할 수 있는 신앙생활이 없기 때문이다.

'술 끊고 담배를 끊었으면 됐지, 뭘 또 해?'

이런 생각이 든다면, 이미 자기 자신과 타협할 준비가 되어 있다는 뜻이다.

'이 정도 용서하면 됐지, 얼마나 더 해야 하나?'

'이 정도로 착하게 살면 되는 거 아냐? 여기서 얼마나 더 착하길 바라냐고!'

'얼마나 더'라는 말이 나오지 않아야 한다.

용서할 때도 자신과 타협해선 안 된다. 베드로처럼 '일곱 번 용서하면 되지 않을까' 하는 생각을 뛰어넘어야 한다.

신앙생활에는 적당한 선에서 양보하고, 적당한 선에서 타협할 수 있는 협상 카드가 없다.

출애굽의 구원 역사에 나타난 바로의 타협안을 우리는 자신의 신앙생활을 되돌아보는 계기로 삼아야 한다. 아울러 우리를 향한 하나님의 뜻이 무엇인지 묵상해야 한다.

바로가 내놓은 타협안은 꽤 합리적인 제안처럼 보인다. 얼핏 이스라엘 백성을 배려한 제안인 것 같기도 하다. 굳이 광야까지 갈 것 없이 이 땅, 곧 애굽에서 하나님께 제사를 드리면 되지 않는가? 다시 말해, 애굽을 떠날 것 없이 애굽에서 예배하라는 말이다. 오늘날 우리에게 적용하면, 세상을 떠나지 말고 세상 안에서 믿음 생활을 하라는 이야기다. 그럴듯하게 들린다.

그러나 당시 애굽은 어떤 곳이었는가? 물질적으로 풍요롭지만 하나님을 섬기지 않는 죄악의 땅이었다. 하나님의 임재가 없는, 마귀가 다스리는 땅이었다. 바로의 말은 마귀의 땅에서 벗어나지 말고, 제사를 드리든 예배를 드리든 그 안에 그냥 머물러 있으라는 것이다. 하나님께 예배를 드리되 세상에 속한 죄인의 신분에서 벗어나지는 말라는 회유다.

오늘날로 말하자면, 교회에 다녀도 괜찮으니 세상의 가치관에 따라 살라는 것이다. 바로 이것이 복음적 그리스도인을 유혹하는 마귀의 제일 작전이다.

실제로 이러한 마귀의 교묘한 유혹에 많은 성도가 넘어가곤 한다. 복음을 믿는 자로서 은혜를 누리며 산다고 하면서도 여전히 세상 안에 머무는 것이다. 이들은 예수를 믿는 이유도, 살아야 하는 이유도 세상의 틀 안에서 찾는다. 이렇게 정신적인 애굽을 떠나지 못하는 사람은 종교인이 될 수는 있어도 진정한 하나님의 백성은 되지 못한다. 종교적 형식을 갖추어 살고, 교회 안에서 직분을 얻기도 하지만 그의 가치관에 진정한 변화는 없다. 예배를 드리면서도 실제로는 세상, 곧 애굽에 묶여 살고 있기 때문이다. 육에서 영으로 성장하지 않고, 계속해서 육의 상태에 머물러 있다. 입으로는 하나님을 찬양하며 하나님께 예배를 드리지만 세상이 주는 달콤한 유혹을 뿌리치지 못한다.

마귀는 세상에 매여 있는 유명 그리스도인들을 선전물로 곧잘 이용한다.

"○○○도 그렇게 하던데, 너같이 유별난 사람도 없어. 제발 적당히 좀 해. 폼 나게 살면서 즐기기도 해야지. 사람이 사람답게 사는 것이 종교의 목적 아냐? 다른 종교들과도 연합을 이루고, 더 나아가 종교 간 통합도 이루어야 하잖아? 기독교에만 구원이 있다는 것은 독선이야. 상식적으로 그게 말이 되는 소리라고 생각해?"

교회 안에도 이런 논리를 가진 사람들이 있다. 그들은 교회에 나오지만 공중 권세를 잡은 자에게 사로잡혀 있는 것이다. 그들은 세상 즐거움을 끊어 버리지 못하고 그 주변을 맴돈다. 마귀가 그들의 목에 사슬을 감고는 땅에 말뚝을 박아 버렸기 때문이다.

주님과 세상을 동시에 섬길 수 없다

애굽에서 예배를 드리라는 마귀의 타협에 만족하며 받아들였다면, 출애굽이라는 영적 전쟁은 그 의미가 없었을 것이다. 이스라엘 백성은 반드시 애굽에서 나와야 한다. 마찬가지로 우리 그리스도인은 세상에서 나와야 한다. 어차피 세상은, 그리스도인에게는 떠나야 할 멸망의 도시요 장망성일 뿐이다.

우리는 양자택일을 해야만 한다. 세상과 함께 육의 즐거움에 취해 있다가 결국 멸망하든지 아니면 목을 감고 있는 마귀의 줄을 과감히 끊고 소돔 성 같은 세상을 탈출하든지 택해야 한다. 세상에 말뚝을 박은 채 하나님을 섬기는 것은 불가능하다. 한 사람이 두 주인을 섬길 수 없는 것과 같이 그리스도인은 주님과 세상을 같이 섬길 수 없다.

> 15 이 세상이나 세상에 있는 것들을 사랑하지 말라 누구든지 세상을 사랑하면 아버지의 사랑이 그 안에 있지 아니하니 16 이는 세상에 있는 모든 것이 육신의 정욕과 안목의 정욕과 이생의 자랑이니 다 아버지께로부터 온 것이 아니요 세상으로부터 온 것이라 요일 2:15~16

예수를 영접하고 구원을 받았다고 해서 하루아침에 세상을 놓아 버릴 수 있는 것은 아니다. 이스라엘이 애굽에서 나오는 데는 하루가 걸렸지만, 마음에서 애굽을 지우는 데는 40년이 걸리지 않았던가. 우리 그리스도인은 지금도 여전히 세상과 전쟁을 치르며 살고 있다.

모세는 바로가 내민 타협안에 이렇게 답했다.

> 모세가 이르되 그리함은 부당하니이다 우리가 우리 하나님 여호와께 제사를 드리는 것은 애굽 사람이 싫어하는 바인즉 우리가 만일 애굽 사람의 목전에서 제사를 드리면 그들이 그것을 미워하여 우리를 돌로 치지 아니하리이까 출 8:26

모세의 말에 따르면, 애굽 사람들과 하나님의 백성의 가치관이 다르고 예배드리는 방식이 다르므로 애굽에서 예배드리는 것은 불가하다는 설명이다.

모세는 험한 광야에서 백성과 함께 예배드리겠다는 의지를 결연히 나타냈다. 분명 광야로 나가는 것이 여러모로 불편할 것이다. 그러나 참 예배자로서 예배드리는 길을 택했다. 하나님의 백성과 고난을 함께하는 것이 애굽에서 안락함을 누리는 것보다 더 큰 가치가 있으므로 광야행을 택한 것이다.

모세의 단호한 선택으로 바로가 내세웠던 첫 번째 타협안이 무산되었다. 그러자 바로가 두 번째 타협안을 내놓는다.

> 바로가 이르되 내가 너희를 보내리니 너희가 너희의 하나님 여호와께 광야에서 제사를 드릴 것이나 너무 멀리 가지는 말라 그런즉 너희는 나를 위하여 간구하라 출 8:28

그는 우선 이스라엘 백성을 놓아주는 듯한 제스처를 취한다. 하지만 그 속내를 들여다보면, 언제든지 다시 잡아 노예로 부려먹을 잔꾀임을 알 수 있다. 잠시 고삐를 늦출 뿐 그들에 대한 지배권을 놓지 않으려는 속셈이다.

오늘날에도 마귀는 그리스도인들에게 똑같은 방법으로 타협안을 제시하곤 한다. 신앙생활을 하되 너무 깊이 믿지는 말라고 종용하는 것이다. 너무 빠져들지 말고 적당히, 요령껏 체면을 유지하는 수준에서 믿으면 그만이라고 속삭인다. 남사스럽게 광신도 티를 낼 필요가 없다는 것이다.

"믿음 생활한다고 하루아침에 술 끊고, 담배 끊고, 주일날 가게 문 닫고, 예배 시간마다 은혜받았다고 눈물 흘리고, 매일 새벽 예배에 수요 예배도 모자라 주일 오후 찬양 예배까지 다 드리는 것은 제정신이 아니니 정신 차리고 적당히 믿으라"고 말한다. 그뿐만 아니라, "술 담배 다 끊으면 세상 친구도 다 떨어져 나간다. 그렇게 유별나게 굴다가는 사업하기 힘들다"는 조언까지 해 준다.

한 번쯤 들어봄직한 말들이다. 그러나 이것은 마귀의 유혹임을 알아야 한다.

마귀는 에덴동산에서 하와에게 그랬듯이 언제나 비슷한 방법으로 접근한다. 지금도 마귀는 우리 귀에 대고 속삭인다. 어차피 하나님의 말씀을 다 지키기는 어려우니 적당한 선에서 지켜도 된다고…. 그러나 성경 어디에도 적당히 믿으라는 말씀은 없다. 하나님이 말씀하신다.

"전쟁터에 나가는 병사처럼 목숨을 걸고 싸워라. 씨 뿌리는 농부처럼 땀 흘려 수고하라. 육상 선수처럼 최선을 다해 뛰어라."

하나님은 바울을 통해 믿음의 아들 디모데에게 이렇게 권면하셨다.

> 너는 진리의 말씀을 옳게 분별하며 부끄러울 것이 없는 일꾼으로 인정된 자로 자신을 하나님 앞에 드리기를 힘쓰라 딤후 2:15

"힘쓰라"는 말씀은 "최선을 다하라, 헌신하라, 충성하라"는 명령이다. 생각해 보자. 적당히 하는 것이 힘들까 아니면 최선을 다하는 것이 힘들까? 둘 다 힘들다. 입시 공부하는 학생도 적당히 하고 싶은 마음이 들 때가 왜 없겠는가? 그런데도 적당히 하지 않고 죽기 살기로 최선을 다하는 이유가 무엇인가? 공부가 좋아서일까? 아니다. 원하는 미래를 생각하며 공부하기 때문이다. 미래는 나 몰라라 하고 오늘만 생각한다면 적당히 공부하고 말 것이다.

순종할 때 놀라운 기적이 일어난다

우리가 신앙생활을 열심히 하는 이유는 딱 하나다. 주님 앞에 서기 위해서다. 그런데 주님 앞에 서기보다 세상 앞에 서려고 한다면 그 순간부터 사람은 '적당히'를 외치며 요령을 부리기 시작한다. 최선을 다하던 사람도 남의 눈치나 살피며 적당 모드로 바뀐다.

현대를 사는 그리스도인들의 모습은 어떤가? 그리스도인의 생활도 크게 다르지 않다. 발목만 은혜의 강물에 담근 채 신앙생활하는 사람이 있다. 그들은 언제든 세상으로 뛰쳐나갈 준비가 되어 있다. 그리고 은혜의 강물에 무릎까지 담그고 사는 사람들이 있다. 이들은 어려움에 부딪힐 때마다 하나님 앞에 엎드려 기도하며 응답도 곧잘 받는다. 그러나 가치관에는 변화가 없다. 그런가 하면 가슴 높이로 차오른 은혜의 강물 속에 사는 사람들이 있다. 이들은 예배를 통해 은혜를 받고, 기쁨이 넘치는 삶을 산다고 고백한다. 하지만 자기 삶을 하나님께 온전히 맡기지는 못한다. 결정적인 순간에 세상 가치관을 좇아가는 것이다.

반면에 은혜의 강물에 온몸이 잠겨 살아가는 사람이 있다. 이런 사람을 우리는 하나님의 백성, 신실한 그리스도인이라고 부른다.

마귀의 하수인인 바로가 이스라엘을 유혹하며 속이려고 했다. 잠깐 나가서 예배만 드리고 곧 애굽으로 돌아오라는 것이다. 예배를 빨리 해치우고 나서 마음 편하게 세상적으로 사는 게 지혜라고 현혹한다.

그러므로 우리는 늘 깨어서 자신의 신앙을 점검해야 한다. 삶의 목적을 하나님께 두고 있는지, 아니면 자기도 모르는 사이에 마귀에게 잡혀 있지는 않은지 살펴야 한다. 만약 마귀에게 인생의 고삐를 넘겨준다면 마귀와 세상에 끌려다니며 살 수밖에 없다. 그리스도인은 늘 마귀의 속임수를 경계해야 한다.

참으로 안타까운 일은 언제부터인가 한국 교회가 무력해졌다는 사실이다. 어쩌다가 이렇게 되었는가? 세상으로부터 너무 멀리 가지 말라는 바로의 타협에 넘어갔기 때문이다. 하나님으로 만족하고 하나님을 만족시켜 드리는 삶에서, 세상 것으로 만족하고 사람을 만족시키는 삶으로 방향을 잘못 잡았기 때문이다. 교회 안에 세상이 들어와 버렸고, 세상 속으로 교회가 들어가 버렸다.

한국 교회가 하나님이 기뻐하시는 교회로 거듭나기 위해서는 마귀의 유혹을 뿌리치고 십자가 복음의 진리 앞에 바로 서야 한다. 하나님이 우리에게 멀리 가라고 말씀하시면 마땅히 순종하여 멀리까지 가야 한다. 반대로 하나님이 아니라고 말씀하시면 무조건 아닌 것이다.

애굽의 바로가 안락한 삶을 보장해 준다고 해도 하나님이 광야로 가라고 말씀하셨으니 다 뿌리치고 가야 한다. 뜨거운 태양이 내리쬐고, 거친 모래바람이 불고, 뱀과 전갈이 우글거리는 광야지만 주님의 말씀에 순종하여 가야 한다. 순종할 때 놀라운 기적이 일어나기 때문이다.

애굽이 아무리 풍요롭고 화려하여도 그곳에는 하나님이 안 계신다. 반면에 광야는 뜨겁고 삭막한 곳이지만 바로 그곳에 하나님이 계신다. 과연 이스라엘 백성이 있어야 할 곳은 어디인가?

세상 유혹 앞에 그리스도인은 자신의 정체성을 분명히 드러내야 한다.

'그리스도인으로서 나는 무엇을 위해서 살아야 하는가? 그리스도인으로서 어떤 모습을 보여야 하는가? 나는 그리스도인으로서 구별된 삶을 살고 있는가?'

늘 자신에게 이런 질문을 하면서 자신의 모습을 점검해야 한다.

우리가 세상과 함께할 수 없듯이 세상도 복음으로 사는 그리스도인과 함께할 수 없다. 왜냐하면 살아야 하는 이유와 삶의 목적이 서로 다르기 때문이다. 바울은 그리스도인과 세상의 관계에 대해 다음과 같이 분명하게 정리했다.

> 그러나 내게는 우리 주 예수 그리스도의 십자가 외에 결코 자랑할 것이 없으니 그리스도로 말미암아 세상이 나를 대하여 십자가에 못 박히고 내가 또한 세상을 대하여 그러하니라
> 갈 6:14

바울의 태도는 단호하다. 세상의 미련을 접어 버린 그는 거기서 한 걸음 더 나아간다. 빌립보서에서 그가 취한 태도를 볼 수 있다.

⁷ 그러나 무엇이든지 내게 유익하던 것을 내가 그리스도를 위하여 다 해로 여길뿐더러 ⁸ 또한 모든 것을 해로 여김은 내 주 그리스도 예수를 아는 지식이 가장 고상하기 때문이라 내가 그를 위하여 모든 것을 잃어버리고 배설물로 여김은 그리스도를 얻고 ⁹ 그 안에서 발견되려 함이니 내가 가진 의는 율법에서 난 것이 아니요 오직 그리스도를 믿음으로 말미암은 것이니 곧 믿음으로 하나님께로부터 난 의라 빌 3:7~9

아브라함도, 다윗도 흔들리며 자랐다

모세가 이스라엘 백성과 함께 광야에 가서 예배드리겠다고 한 것은 뭔가 준비되었기 때문이 아니었다. 광야에는 고난이 기다리고 있음이 분명했다. 모세는 광야에 물과 먹을 것이 없을 뿐만 아니라 쉴 만한 곳도 없으리라는 것을 잘 알고 있었다. 그런데도 그는 이스라엘 백성과 함께 광야에서 예배자로 살겠노라고 말했다.

그의 선언은 복음적 그리스도인, 곧 하나님의 백성이기에 할 수 있는 말이었다. 오직 믿음이 아니면 광야의 삶을 선택할 수 없으며, 또 믿음이 아니면 그 선택을 설명할 수도 이해할 수도 없다. 무엇보다도 모세가 광야로 가려고 했던 것은 하나님이 그렇게 하기를 원하셨기 때문이다.

이렇듯 모세는 광야로 가서 예배자로 살고자 결심했건만, 이스라엘 백성은 애굽을 나온 후에도 마음만은 애굽을 벗어나지 못했다. 애굽은 출애굽 후에도 오랫동안 이스라엘 백성의 마음속에 남아 수시로 미혹했다. 광야 생활 중에 이스라엘 백성은 자신들을 광야로 인도한 모세를 원망했다.

오늘도 마귀는 애굽의 화려함을 보여 주며 복음적 그리스도인들을 시험한다. 보이지 않는 복음보다 눈에 보이는 화려함에 현혹되어 세상에 머물러 있기를 바라는 것이다. 사실 현대를 사는 그리스도인들도 출애굽을 앞둔 이스라엘 백성만큼이나 애굽이라는 세상을 뿌리칠 만한 믿음이 없다. 풍요롭고 화려한 애굽을 거절할 만큼 강한 믿음이 우리 안에 없다.

그러나 애굽을 뿌리치기로 결단하는 순간, 그다음은 하나님이 하신다. 왜냐하면 출애굽의 구원 전쟁은 우리 것이 아니라 하나님의 전쟁이기 때문이다. 하나님은 우리로 하여금 세상의 유혹 앞에서 승리하게 하실 것이다. 그러므로 우리의 승리는 곧 하나님의 승리다. 우리는 하나님의 능력으로 모든 세상 유혹을 이겨 내고 승리할 것이다. 세상이 감당할 수 없는 승리를 향해 달려갈 것이다.

지금도 연약한 우리는 순간순간 흔들린다. 그렇지만 포기해서는 안 된다. 아브라함도 흔들림의 과정을 거쳐 믿음의 선조가 되었다. 다윗도 인간적인 연약함으로 여러 번 넘어졌으며, 그 과정을 거쳐 하나님의 마음에 합한 사람이 되었다.

우리를 힘들게 하는 온갖 시험, 환난, 근심으로 두려워할 필요가 없다. 복음적 그리스도인의 모습을 잃고 무너질까 봐 두려워할 필요도 없다. 출애굽의 구원 전쟁이 그러하듯이 우리의 전쟁은, 곧 우리를 구원하시는 하나님의 전쟁이기 때문이다.

우리는 자신의 연약함을 있는 그대로 고백하면 된다. 고백함으로써 '내 삶의 전쟁은 내게 속한 것이 아니라 하나님께 속하였음'을 선포하라. 그리고 전쟁을 승리로 이끄실 하나님께 온전히 맡겨라. 승리는 반드시 우리의 것이 되리라.

다섯 번째 재앙 출애굽기 9:1~7

돌림병,
재앙을 통해 하나님을 알아가다

애굽에 내려진 다섯 번째 재앙은 가축에게 내린 돌림병이다. 이 재앙이 예고되기 전, 하나님의 말씀이 바로에게 분명하게 전달되었다. 하나님은 이전과 변함없는 요구를 선포하셨다.

> 여호와께서 모세에게 이르시되 바로에게 들어가서 그에게 이르라 히브리 사람의 하나님 여호와께서 말씀하시기를 내 백

성을 보내라 그들이 나를 섬길 것이니라 출 9:1

하나님의 요구는 바로와 의논하거나 타협할 사항이 아니었다. 하나님의 말씀은 언제나 일방적 선포였다.

하나님의 목적은 모세와 아론을 통해 바로에게 말씀을 전하는 것만이 아니었다. 하나님의 구원 섭리에 따라 출애굽 역사가 실현될 때까지 열 번, 백 번, 천 번이라도 선포될 말씀이었다. 선포된 말씀 안에는 자기 백성을 끝까지 포기하지 않으시는 하나님의 마음이 들어 있었다.

아울러 하나님의 말씀을 전하는 모세와 아론도 포기해서는 안 되었다. 바로가 열 번이나 거절하며 듣지 않는다고 해서 모세와 아론이 "하나님, 이제 그만하겠습니다"라고 할 수 없었다. 하나님이 전하라고 하셨으니 바로의 반응이 어떻든 상관없이 하나님의 말씀을 계속해서 전해야 했다.

애굽의 자랑, 풍요가 사라지다

하나님의 말씀은 청중이 원하는 대로 선포하는 것이 아니다. 듣든지 안 듣든지 청중의 반응과 상관없이 선포해야 한다. 하나님께 말씀을 받은 사람이 청중의 반응에 따라 다르게 전달한다면, 과연 그를 올바른 전달자라고 할 수 있을까? 청중이 많고 그 반응이 뜨거우면 제대로 전달하고, 반대로 청중이 적은 데다가 귀 기울여 듣지 않으면 제대로 전달하지 않는 사람이라면 전달자로서 올바른 자세를 가진 사람이 아닐 것이다.

구약성경에서 대선지자로 불리는 인물들, 즉 이사야, 예레미야, 에스겔 등을 보라. 그들이 하나님의 말씀을 전할 때, 청중의 반응은 늘 싸늘했다. 싸늘함을 넘어서 어떤 이들은 선지자를 핍박하며 그를 향해 돌을 던지기까지 했다. 그렇다고 해서 하나님의 말씀을 전하는 선지자가 청중과 타협한 적이 있는가? 그들은 타협을 몰랐다. 타협한다면 거짓 선지자다.

애굽 왕 바로에게 하나님의 요구가 전달될 때도 마찬가지였다. 하나님이 그만두시지 않는 한 바로가 듣기 싫어한다고 해서 그만둘 수는 없는 노릇이었다. 바로가 어떤 반응을 보이든지, 말씀을 전한 결과가 어떻게 나타나든지 상관하지 않아야 했다. 다만 출애굽의 구원 역사가 성취되는 순간까지 계속 선포해야 했다.

오늘날 기독교에 대해 느끼는 안타까움 중 하나는 말씀을 듣는 데만 치중한다는 점이다. 설교를 하나님의 말씀으로 받기보다 목사에게서 듣는 강의 정도로 여기는 성도가 많은 듯하다. 반드시 들어야 할 말씀이라기보다 들어도 그만, 안 들어도 그만인 강의로 받아들이는 것 같다.

신앙생활을 오래 한 성도 중에 목회자가 같은 말씀으로 설교하면, '이 설교는 언젠가 들었던 것인데…' 하며 더 이상 듣지 않는 이들이 있어 안타깝다. 더 안타까운 것은 자신의 감정과 기분에 따라 설교를 골라서 듣는 성도들이 있다는 사실이다. 전에 들었던 말씀이니 듣지 않아도 되고, 마음이 내키지 않으니 아멘으로 받지 않아도 된다고 생각하는 것은 참된 그리스도인의 자세라고 할 수 없다. 자기 생각과 감정에 상관없이 하나님의 말씀은 절대적이어야 한다. 그런데도 일부 성도들에게는 하나님의 말씀이 선택 사항이 되어 있다. 참으로 안타까운 일이다.

우리가 자주 부르는 새찬송가 205장의 후렴구를 보자.

"나 항상 듣던 말씀 나 항상 듣던 말씀 주 예수 크신 사랑 또 들려주시오."

늘 들었던 말씀인데 또 들려 달라는 것이다. 나를 사랑하시는 하나님의 말씀을 또 듣겠다는데 무엇이 문제겠는가? 아무리 반복해도 아멘, 내용이 좀 허술해도 아멘, 내 생각과 맞지 않아도 아멘, 이렇게 받아들이는 자세가 필요하지 않을까.

"내 백성을 보내라"는 하나님의 요구가 선포된 가운데 다섯 번째 재앙이 예고되었다. 가축에게 퍼질 돌림병이다.

> 여호와의 손이 들에 있는 네 가축 곧 말과 나귀와 낙타와 소와 양에게 더하리니 심한 돌림병이 있을 것이며 출 9:3

돌림병으로 번역된 이 재앙은 가축들에게 내려질 역병, 곧 전염병이다. 이 재앙은 바로를 비롯한 애굽 사람들에게 엄청난 재정적 손해를 끼쳤다.

그동안 애굽에는 네 번의 재앙이 있었다. 첫 번째는 물이 피로 변하는 재앙으로 보혈의 전쟁이었다. 두 번째는 개구리 재앙이었으며, 세 번째는 애굽 온 땅의 티끌이 이가 되는 재앙이었다. 네 번째는 파리 재앙으로, 이때부터 하나님이 애굽 사람들과 이스라엘 백성의 고통을 구별해 주시기 시작했다.

재앙들을 겪으면서 이스라엘 백성도 애굽 사람들도 하나님에 대해 조금씩 알아 갔다. 하나님이 어떤 분이신지를 경험으로 알아 간 것이다. 그들은 무엇보다 하나님이 말씀하시면 그대로 이루어진다는 것을 배웠다.

애굽 사람들에게는 소를 우상으로 숭배하는 사상이 있었다. 훗날 시내 산에서 모세가 하나님께 계명을 받으러 간 사이에 이스라엘 백성은 금송아지를 만드는데, 애굽에서 노예 생활을 하면서 보고 배운 것이 그것이었기 때문이다.

그들은 왜 금송아지를 만들어 경배했을까? 따지고 보면 육신의 쾌락 때문이다. 그들은 영적 가치만으로 살기에는 너무나 연약한 존재들이었던 것이다. 구름 기둥과 불 기둥으로 하나님의 은혜를 경험하면서도 육신의 욕망을 주체하지 못했기에 육신의 즐거움을 좇아 금송아지를 만들었다.

애굽에 내린 다섯 번째 재앙은, 애굽 사람들이 가장 소중하게 여기는 소를 비롯한 가축에 내려졌다.

물이 피가 되고, 하수에서 개구리가 올라와 시끄럽게 만들고, 이와 파리 떼로 괴로움을 당하기도 했지만, 지금까지 재정적으로 직접적인 피해를 본 적은 없었다. 그래서인지 바로는 재앙이 내려질 때는 겁을 먹다가도 재앙이 잠잠해지면 다시 완악해지곤 했다.

그런데 다섯 번째 재앙부터는 하나님의 요구를 거절하면 그 대가를 톡톡히 치러야 한다는 사실을 알게 된다. 애굽 전역에 돌림병이 돌아서 재정적으로 엄청난 피해를 보게 되었다. 이로써 애굽의 자랑이자 상징이던 풍요가 사라졌다.

구별하되 은혜를 베풀리라

다섯 번째 재앙이 선포되는 가운데 하나님이 은혜를 베푸셨다.

> 여호와가 이스라엘의 가축과 애굽의 가축을 구별하리니 이스라엘 자손에게 속한 것은 하나도 죽지 아니하리라 하셨다 하라 하시고 출 9:4

하나님은 들에 있는 가축에게 재앙이 임할 것을 경고하심으로써 저들이 말씀을 깨닫고 집 울타리 안으로 가축을 옮기면 재앙을 면하게 하셨다. 하나님을 모르는 애굽 사람들에게도 이 조건부 은혜를 동일하게 베푸셨다.

누구의 백성인가가 중요한 것처럼 누구의 가축인가도 중요하다. 사람이든 짐승이든 누구에게 속해 있는가는 중요한 문제라고 할 수 있다. 즉 울타리가 중요한 것이다. 여기서 울타리는 장소만을 가리키지 않는다. 오직 하나님만이 재앙을 피할 수 있는 울타리였다. 어떤 상황에서건 우리에게 임마누엘 하나님이 되신다는 은혜의 약속을 주신 것이다.

사람이 원하든 원하지 않든 간에 누구에게 혹은 어디에 속했는가가 중요한 문제다. 사람은 의(義)에 속해 있든가, 죄에 속해 있든가 둘 중 하나다. 중립은 있을 수 없으며 고립을 자처할 수도 없다. 그러므로 자신이 하나님께 속해 있는지, 마귀에 속해 있는지를 알아야 한다.

사람은 더 좋은 환경이나 장소가 아니라 하나님과의 관계 속으로 들어와야 한다. 하나님 안에 있어야 인간은 진정한 행복을 느낄 수 있다. 이것이 창조의 원리다.

하나님은 사람을 지으신 후에 그들을 에덴동산에 살게 하셨다. 사람에게 에덴을 선물로 주신 것이다. 에덴에는 '행복, 기쁨, 풍요'의 뜻이 담겨 있다. 첫 사람, 아담과 하와는 그곳에서 행복과 기쁨과 풍요를 누리며 살았다. 중요한 것은 그들의 행복이 조건이나 환경에서 비롯된 것이 아니었다는 것이다. 아담과 하와는 선악과를 따 먹고 죄인이 되고 나서야 이 사실을 알았다. 그들은 에덴동산에서 쫓겨나서 불행해진 것이 아니다. 하나님과의 관계에 문제가 생기면서부터 이미 불행이 시작되었다.

'하나님 안에서 누리는 은혜의 삶'은 사람이 처음 창조될 때부터 계획된 절대 원리다. 사람은 밥만 먹고 사는 존재가 아니라 하나님으로부터 공급되는 은혜를 먹고 살기 때문이다. "은혜 부자가 진짜 부자"라는 말이 있다. 아담과 하와가 에덴동산에서 무엇을 입고 살았던가? 많은 사람이 벌거벗고 살았다고 알고 있는데, 나는 그들이 하나님의 은혜를 입고 살았다고 생각한다. 하나님의 은혜 안에서 사니 벗었다고 해서 벌거벗음이 아니었으며, 부족함이나 부끄러움이 없었다. 그러나 하나님을 떠남으로써 은혜를 상실하자 그들은 갑자기 벌거숭이가 되었으며, 부족함과 부끄러움을 아는 존재가 되었다.

출애굽기 9장 1~7절은 은혜를 베푸시는 하나님을 소개하고 있다. 애굽에 속한 사람들에게는 조건부 은혜요 하나님께 속한 이스라엘 백성에게는 일방적인 은혜였다. 이스라엘 백성이 입은 은혜는 지금도 복음적 그리스도인들이 동일하게 누리는 축복이다. 즉 내가 하나님을 택한 것이 아니라 하나님이 나를 일방적으로 택하사 자녀 삼아 주신 은혜다. 내가 알지 못할 때 하나님이 나를 아셨고, 내가 하나님을 싫다 하여도 하나님은 나를 변함없이 품어 주셨다. 이처럼 우리가 입은 은혜는 조건부가 아닌 일방적으로 주어진 은혜다.

목회자인 내가 선뜻 받아들이지 못하는 성경 구절이 있다.

스스로 속이지 말라 하나님은 업신여김을 받지 아니하시나니 사람이 무엇으로 심든지 그대로 거두리라 갈 6:7

나는 "심은 대로 거둔다"는 말씀을 믿지 않는다. 내가 경험한 놀라운 체험 때문이다. 하나님은 심은 대로 거둔다고 말씀하시면서도 늘 심은 것보다 열 배, 백 배, 천 배를 더해 주셨다. 지나온 삶을 돌이켜보면, 목사인 내가 심은 것은 죄다 죄뿐이었다. 말씀처럼 심은 대로 거두었다면, 내 삶은 이미 오래전에 부도가 나도 열 번은 더 났을 것이다.

그러나 내가 나 된 것은 하나님의 은혜로 된 것이니 고전 15:10a

세상에 속한 사람에게는 심은 대로 거두게 하심이 은혜이지만, 하나님께 속해 있는 우리에게는 심은 것 위에 더해 주시는 은혜가 있다.

우리가 다 그의 충만한 데서 받으니 은혜 위에 은혜러라 요 1:16

유난히 힘들고 어려운 상황에서 믿음 생활을 하는 성도라면

이 말씀을 묵상하길 권면한다. 나를 향한 하나님의 마음을 그대로 믿는다면 무엇이든 다 품을 수 있다. 우리에게 베푸시는 하나님의 은혜가 일방적이고, 애굽에 속해 있는 사람들에게 베푸는 은혜는 조건부였듯이 말이다.

피할 길을 주시는 하나님

하나님은 들에 있는 가축을 집으로 옮기면 재앙을 면할 기회를 주셨다. 거기에 재앙을 피할 수 있는 시간까지 더해 주셨다.

> 여호와께서 기한을 정하여 이르시되 여호와가 내일 이 땅에서 이 일을 행하리라 하시더니 출 9:5

진노 중에라도 은혜 베풀기를 원하시는 하나님이 재앙을 행할 시간을 미리 알려 주신 것이다. 하나님은 애굽 사람들이라고 해서 무작정 심판하시지 않았다. 재앙의 한계를 정하고, 또한 피할 길을 내어 주셨다.

'내일'까지 피할 시간을 주신 이유는 하나님의 말씀을 듣는지 안 듣는지를 시험하기 위함이었다. 하나님은 재앙의 목적이 심판만은 아님을 우리에게 알게 하시려는 것이다. 그들은 지난 네 번의 재앙으로 여호와 하나님이 말씀하시면 그대로 이루어진다는 것을 이미 경험한 바 있다.

그러나 많은 애굽 사람이 하나님이 베푸신 은혜의 기회를 스스로 버렸다. 하나님이 주신 경고의 말씀을 가볍게 듣고 모른 체하다가 결국 큰 대가를 치르고 말았다. 들에 두었던 가축이 모두 돌림병으로 죽게 된 것이다. 들에서 가축들이 죽어 가는 동안에 집 안의 가축은 재앙을 피할 수 있었다. 과연 하나님의 말씀대로였다.

네 번째 재앙의 선포를 들은 사람들의 반응은 제각기 달랐다. 지난 몇 번의 재앙에 놀랐던 사람은 아예 가축을 집 안에 들여놓아 재앙을 모면하기도 했다. 그러나 하나님의 경고를 무시하고 가축을 들에 둔 사람은 큰 피해를 봤다. 하나님의 경고가 두렵기는 한데 다른 사람들의 비웃음이 더 두려워서 가축들을 들에 내버려 둔 사람도 있었을 것이다. 결국, 어쭙잖은 자존심으로 하나님의 경고를 무시한 대가를 치렀을 것이다. 누군가의 눈치를 보며 신앙생활 하는 것은 어리석고 미련한 짓이다. 내일이라는 은혜 앞에서 설마 하다가 재앙을 당한 사람도 있을 것이다. 대부분의 애굽 사람들은 가축을 잃은 후에야 후회했다.

하나님의 은혜가 별것 아닌 것 같아도 우리를 살리는 힘이 있다. 하나님이 베푸시는 은혜를 순종하고 받으면 되는데도, 어리석은 사람들은 그 은혜를 무시하고 거절한다.

민수기 21장에는 이스라엘 백성이 광야에서 하나님이 내려 주신 만나의 은혜를 가볍게 여기다가 급기야 원망과 불평을 쏟아 냄으로써 놋뱀 사건을 야기한 일이 기록되어 있다.

> 백성이 하나님과 모세를 향하여 원망하되 어찌하여 우리를 애굽에서 인도해 내어 이 광야에서 죽게 하는가 이 곳에는 먹을 것도 없고 물도 없도다 우리 마음이 이 하찮은 음식을 싫어하노라 하매 민 21:5

이스라엘 백성은 하나님이 내려 주신 만나를 보고 처음에는 감동하더니 곧 하찮은 것으로 여기고 말았다. 왜 그랬을까? 애굽에서 먹고 즐기던 과거의 추억에 마음을 빼앗긴 것이다. 구름 기둥, 불 기둥의 은혜가 있었지만, 그들에게 영적 은혜는 갈급한 것이 아니었다. 그들은 여전히 육신의 만족을 추구했으며, 그래서 애굽으로 돌아가고 싶다는 생각에 사로잡히게 되었다.

날마다 하나님의 은혜에 감격하며 살던 성도라도 세상 것에 순간적으로 마음을 빼앗긴 적이 있을 것이다. 애굽에 대한 미련을 버리지 못했던 이스라엘 백성처럼, 세상 즐거움에 마음을 빼앗기면 그동안 감격하여 찬양했던 하나님의 은혜가 하찮은 것이 된다.

하나님의 은혜를 잊어버린 이스라엘 백성은 원망하고 불평하는 가운데 불뱀의 공격을 받았다. 불뱀의 독으로 고통을 당하자 그제야 눈물로 회개하며 애원했다.

> 우리가 여호와와 당신을 향하여 원망함으로 범죄하였사오니 여호와께 기도하여 이 뱀들을 우리에게서 떠나게 하소서
> 민 21:7b

긍휼이 많으신 하나님이 다시 한 번 그들에게 은혜를 베푸신다. 모세에게 놋으로 불뱀 모양을 만들어 장대 위에 매달도록 하신 것이다. 그리고 뱀에 물린 자마다 장대 위에 매달린 놋뱀을 보면 낫도록 은혜를 베푸셨다.

> 모세가 놋뱀을 만들어 장대 위에 다니 뱀에게 물린 자가 놋뱀을 쳐다본즉 모두 살더라 민 21:9

> 14 모세가 광야에서 뱀을 든 것 같이 인자도 들려야 하리니 15 이는 그를 믿는 자마다 영생을 얻게 하려 하심이니라
> 요 3:14~15

뱀에게 물린 사람들이 누구인가? 에덴에서 뱀의 유혹에 넘어가 죄인이 된 첫 사람의 후예들이다. 마귀인 뱀의 독에 중독된 채 태어난 것이 우리다. 하지만 십자가의 보혈로 구원받았다. 구원을 받았어도 우리는 여전히 광야라는 세상에서 살아야 한다. 믿음을 지키며 살다 보면 부딪히게 되는 여러 문제 가운데 마귀 뱀에게 물

리는 일은 다반사다. 주일에 교회에 나와 예배드리는 모습을 보면 모두 상처투성이임을 알 수 있다.

어느 날, 목회자로서 내가 문득 깨달은 은혜가 있다. 주님께 나아오는 사람 중에 멀쩡한 사람이 없다는 사실이다. 교회 문을 열고 들어오는 사람들은 모두 마귀 뱀에게 물린 상처를 안고 있다. 세상에서 상처받은 우리가 예배 가운데 바라보아야 할 것은 무엇인가?

바로 십자가의 예수님이시다. 우리를 용서하고 또 용서하며 은혜 베풀기를 기뻐하시는 예수님이다. 우리는 찬송과 기도와 말씀 중에 상처를 치료해 주시는 예수님의 은혜를 만날 수 있다. 세상을 살다가 불뱀에 물려 상처를 받았다면 십자가의 은혜를 만나 새 삶을 얻어야 한다. 그 은혜가 우리를 살리고, 회복시킨다.

우리가 교회에 와서 드리는 예배는 십자가를 바라보는 일이며 십자가를 품는 것이다. 십자가의 은혜만이 세상 중독에서 우리를 자유하게 할 수 있다. 주일 예배 때 십자가의 은혜를 품어야 한다.

그러나 마귀는 우리가 십자가를 보지 못하도록 호시탐탐 노리며 훼방을 놓는다. 모세가 높이 들고 있는 놋뱀을 바라보기만 해도 살 수 있는데, 그 은혜를 보지 못하도록 막는 것이다. 마귀는 불신으로, 고집으로, 절망으로 십자가의 은혜를 가린다.

상처투성이 손을 내밀어 주님을 붙잡아라

은혜를 받아야 할 때 은혜를 거절하는 사람은 이전보다 더 악해진다. 그 이유가 무엇일까? 애굽에 돌림병 재앙이 내려지는 과정을 살펴보면 그 이유를 알 수 있다.

> 바로가 사람을 보내어 본즉 이스라엘의 가축은 하나도 죽지 아니하였더라 그러나 바로의 마음이 완강하여 백성을 보내지 아니하니라 출 9:7

하나님의 진노 앞에 바로 항복하면 되는데 바로는 그렇게 하지 않았다. 그는 사람을 보내 이스라엘 사람들이 어떻게 되었는지 알아보도록 했다. 알아보니 이스라엘은 은혜를 입어 재앙을 면했다. 바로는 하나님의 말씀대로 이루어진 것을 확인했고, 하나님께 은혜 입은 사람들을 봤다. 그런데도 그는 좀체 그 은혜 안으로 들어가려 하지 않았다. 이것만 봐도 우리는 알 수 있다. 하나님이 바로에게 은혜를 베풀지 않으신 게 아니라 바로 자신이 거절했다는 것을….

은혜를 목격하고도 받아들이지 않은 바로는 마음이 더 완악해지고 말았다. 사람이 고난을 겪고, 재앙을 당한다고 해서 다 하나님께 승복하는 것은 아니다. 하나님의 진노를 경험했다고 해서 모든 사람이 은혜 안으로 들어오는 것도 아니다. 하나님을 알고, 하나님을 믿는 은혜는 아무나 누리지 못하는 최고의 축복인 것이다. 안타깝게도 바로는 하나님의 은혜를 직접 보았음에도 불구하고 거절함으로써 더욱 완악해졌다. 그 마음을 마귀에게 빼앗겼기 때문이다.

교회 안에도 믿음 생활을 잘하던 성도가 어느 날 은혜를 빼앗긴 후 마음이 완악해지는 것을 종종 본다. 그러므로 복음적 그리스도인은 오직 예수의 마음을 품어 은혜가 떠나지 않도록 해야 한다. 한순간이라도 세상에 마음을 빼앗겨 자신의 영혼을 마귀의 놀이터로 만들어서는 안 된다. 세상이 안겨 주는 쾌락과 만족에 마음을 빼앗기면 우리 영혼은 마귀에게 점령당하고 만다.

마귀는 우리로 하여금 함부로 말하게 할 뿐만 아니라 불순종하며 원망과 불평을 늘어놓게 한다. 그리고 두려움, 의심, 좌절, 실망을 안겨 주어 불신앙의 길로 인도한다. 하나님이 일방적으로 베풀어 주시는 은혜마저 거절하고, 은혜에서 스스로 이탈하도록 종용한다. 은혜 안에 들어가지 못하도록 막는 것이다.

우리를 살리기 위해 하나님이 베푸시는 사랑이 은혜다. 주일에 교회에 나가 예배를 드리고 받는 은혜는 세상에 중독된 우리를 치유한다. 지난 한 주일, 불뱀 마귀에게 물려 고통 중에 있다면 더더욱 교회에 나가 십자가의 은혜를 바라보아야 할 것이다. 상처투성이의 모습으로 고통스러워하지 말고 십자가의 은혜로 자유를 얻어야 한다. 십자가에서 흘러나오는 은혜로 세상에 중독된 우리 영혼을 정화하고 무장하여 다시금 세상에 나가 승리를 쟁취해야 한다.

하나님의 은혜를 사모하는 첫걸음을 떼면 십자가를 통해 문제를 해결 받고, 세상을 이길 힘을 공급받을 수 있다. 주님은 늘 은혜의 손을 우리에게 내미신다. 우리는 상처투성이 손을 내밀어 주님의 손을 붙잡기만 하면 된다. 그리고 사랑과 은혜가 넘치는 주님이 상처를 치유해 주실 것을 믿기만 하면 된다.

우리가 입은 은혜는

조건부가 아닌

일방적으로 주어진 은혜다.

여섯 번째 재앙 출애굽기 9:8~16

악성 종기,
한계를 아는 것이 은혜다

여섯 번째 재앙은 독종으로 알려진 악성 종기의 재앙이다. "내 백성을 보내라. 그들이 나를 섬길 것이라"는 하나님의 요구를 거절한 바로에게 여섯 번째 재앙을 경고 없이 일방적으로 내리셨다.

하나님이 모세와 아론에게 말씀하셨다.

10 그들이 화덕의 재를 가지고 바로 앞에 서서 모세가 하늘

을 향하여 날리니 사람과 짐승에게 붙어 악성 종기가 생기고
¹¹ 요술사들도 악성 종기로 말미암아 모세 앞에 서지 못하니
악성 종기가 요술사들로부터 애굽 모든 사람에게 생겼음이라
출 9:10~11

이 악성 종기는 의술이나 약으로 치료할 수 없는, 몸이 썩어들어 가는 재앙이다. 다섯 번째 재앙이 가축을 덮친 데 이어 여섯 번째 재앙은 사람에게 직접 내렸다. 모세가 하나님의 말씀대로 행하자 재앙이 시작되었다.

인간은 과연 위대한가?

사람들은 "인간의 능력이 대단하다"고 말한다. 대단한 능력으로 바벨탑을 쌓고, 만리장성을 쌓기도 했다. 인공위성을 쏘아 올리고, 우주선을 타고 달나라에 다녀오기도 했다. 근래에는 인공지능의 능력에 감탄한다. 점점 더 높아져 가는 고층 건물들, 획기적인 기능을 과시하는 핸드폰이나 첨단 무기들…. 인간의 과학 기술이 계속 발달하면 그 끝은 어디일까? 마귀의 속임수에 넘어갔던 첫 사람의 어리석음을 돌아봐야 한다.

너희가 그것을 먹는 날에는 너희 눈이 밝아져 하나님과 같이

되어 선악을 알 줄 하나님이 아심이니라 창 3:5

사람의 능력은 하나님으로부터 받은 것이다. 창조주 하나님은 첫 사람을 특별하게 창조하셨다. 하나님의 형상대로, 하나님의 모양대로 창조하셨으니, 사람을 '영적 존재'로 지으셨다. 하나님은 사람에게 창조의 능력을 담아 주셨다.

모든 동물은 환경의 영향에 따라 사는 모습이 달라질 수 있다. 그러나 본능은 그다지 달라지지 않는다. 하나님이 창조하신 모습 그대로 살아가는 것이다. 하지만 사람은 다르다. 영적인 존재인 사람에게는 창조의 능력을 주셨고, 사명을 맡기셨다.

> 하나님이 그들에게 복을 주시며 하나님이 그들에게 이르시되 생육하고 번성하여 땅에 충만하라, 땅을 정복하라, 바다의 물고기와 하늘의 새와 땅에 움직이는 모든 생물을 다스리라 하시니라 창 1:28

"생육하고 번성하여 땅을 정복하라. 움직이는 모든 생물을 다스리라"는 사명을 사람이 감당할 수 있도록 능력을 부어 주셨다. 모든 피조물을 다스릴 수 있도록 공급받은 능력이 어느 정도일까?

하나님이 이르시되 우리의 형상을 따라 우리의 모양대로 우

리가 사람을 만들고 그들로 바다의 물고기와 하늘의 새와
가축과 온 땅과 땅에 기는 모든 것을 다스리게 하자 하시고
창 1:26

여호와 하나님이 흙으로 각종 들짐승과 공중의 각종 새를 지
으시고 아담이 무엇이라고 부르나 보시려고 그것들을 그에게
로 이끌어 가시니 아담이 각 생물을 부르는 것이 곧 그 이름
이 되었더라 창 2:19

대단하지 않은가! 아담의 이름 짓는 능력은 마치 하나님을 보는 듯하다. 영이신 하나님이 사람을 영적 존재로 만드시고, 창조의 능력을 주셔서 만물을 다스리게 하셨다. 하나님의 대리자로서 우주 만물을 다스리게 하신 것이다. 이렇게 하나님이 온갖 능력을 사람에게 부어 주셨지만, 한 가지 한계를 정하셨다. 선악과로 한계의 법을 정해 주신 것이다.

사람이 온갖 능력으로 세상을 다스리지만, 하나님이 정해 주신 선악과의 법 앞에서 자신의 정체성을 확인해야 한다.

'나는 누구이며, 나는 무엇으로 사는 사람이어야 하는가?'

모든 피조물 앞에서 하나님처럼 살다가도 선악과 앞에서는 자신을 살피고, 예배하는 마음으로 하나님을 바라봐야 한다. 모든 피조물을 다스릴 권한을 받았지만, 사람은 하나님의 다스림 안에 있

어야 함을 인정하는 것이다.

첫 사람 아담에게 다스림을 받은 피조물들도 마찬가지였다. 그들은 자신의 이름을 지어 주고 다스리는 아담을 하나님으로 여기며 순종한다. 그렇게 아담을 최고로 여기다가 선악과 앞에서 경건한 자세로 하나님을 예배하는 아담을 보는 것이다.

'우리를 다스리는 아담이 하나님이 아니고, 참 하나님이 따로 계시는구나!'

모든 피조물이 그제야 하나님을 보게 된다.

한계에 부딪혀야 하나님이 보인다

선악과의 법은 하나님이 아담에게 정해 주신 한계였다. 첫 사람에게 주어진 한계는 하나님을 인정하고 하나님을 예배하는 축복이었다. 그런데 아담이 마귀에게 속아 하나님같이 되겠다는 욕심에 선악과를 따 먹었다. 이로 인해 인간은 선악과의 법 앞에서 무너져 죄와 사망의 존재가 되고 말았다. 선악과를 먹은 뒤 하나님을 피해 숨은 아담에게 주님이 찾아오셨다.

"아담아, 네가 어디 있느냐?"

하나님이 안타까운 마음으로 "아담아, 네가 누구더냐?" 하고 물으신 것이다.

오늘날에도 인간의 능력은 여전히 대단해 보인다. 어찌나 대단한지 하나님처럼 모든 것을 다 할 수 있을 것 같은데, 전혀 그렇지 않다. 하나님은 아담에게 주셨던 것과 같은 한계를 사람에게 정해 주신다. 돈이 있는 사람은 돈이 있는 대로, 권력이 있는 사람은 권력이 있는 대로, 각자 자신의 한계 앞에 서야 한다. 인간의 능력이 제아무리 대단해도 자연 앞에서는 무력할 수밖에 없다. 비 한 방울 오게 할 수 없지 않은가?

돈이 있어도, 권력을 다 가졌어도, 아무리 건강해도, 인간은 결국 한계에 부딪힐 수밖에 없는 존재다. 사람은 마흔이 되고 쉰을 넘어 예순쯤 되면 예수를 믿든지 안 믿든지 고백해야 하는 진리가 있다.

"세상은 내 마음대로 되지 않는다."

철없을 때는 무엇이든지 마음먹은 대로 다 되는 줄로 안다. 하나님의 은혜 없이도 잘살 것 같은 착각 속에 산다. 그러나 살다 보면 누구나 한계에 부딪히는 순간을 만난다.

아내들은 남편을 자기 마음대로 바꾸려고 갖은 수를 쓴다. 각방도 써 보기도 하고, 친정에 다녀와 보기도 하며, 이혼하겠다고 으름장을 놓기도 한다. 남편을 재개발하겠다는 것이다. 그러나 결국에는 포기하고 만다. 만고의 진리인 '세상에 내 마음대로 되는 일은 없다'는 것을 깨닫는 것이다.

사람은 한계에 부딪혀야 하나님을 구하고, 하나님 앞에서 자신이 누구인지를 돌아본다. 살면서 한계 앞에 서 본 적이 있는가? 자녀, 사업장, 건강 등의 문제로 경험한 한계야말로 인간에게 주어진 축복이다.

> 야곱아 너를 창조하신 여호와께서 지금 말씀하시느니라 이스라엘아 너를 지으신 이가 말씀하시느니라 너는 두려워하지 말라 내가 너를 구속하였고 내가 너를 지명하여 불렀나니 너는 내 것이라 사 43:1

이것은 당신을 향하여 소유권을 주장하시는 하나님의 말씀이다. 아직도 자신에게 하나님이 아니어도 될 만큼의 능력이 있다고 생각하는가?

애굽 땅에 내려진 여섯 번째 재앙, 악성 종기에서 주목할 부분이 있다.

> 요술사들도 악성 종기로 말미암아 모세 앞에 서지 못하니 악성 종기가 요술사들로부터 애굽 모든 사람에게 생겼음이라 출 9:11

악성 종기로 말미암아 고통받는 요술사들이 누구던가? 이들은 다른 사람의 문제를 해결해 주는 역할을 하며 살아온 사람들이다. 애굽 왕 바로가 책사로 인정할 정도로 능력 있는 자들이었다. 첫 번째 재앙이 왔을 때 바로가 제일 먼저 찾은 사람이 바로 요술사들이었다. 처음에는 그들도 물이 피가 되게 하는 흉내를 내는 등, 자신의 능력을 제법 드러냈다. 그러나 거듭되는 재앙에 한계를 보이더니 급기야 몸에 난 종기로 서지도 못할 지경이 되었다.

결국, 요술사들은 자기 몸에 생긴 문제도 하나 해결할 능력이 없음을 인정해야 했다. 어느 정도 작은 문제는 서로 도우며 극복할 수 있다. 그러나 인간 앞에 밀려온 진짜 큰 문제들은 누가 도울 수 있는가? 보통 크기의 파도라면 경험 많은 뱃사람의 도움을 받아 피할 수도 있다. 그러나 쓰나미가 덮치면 누가 누구를 도울 수 있겠는가.

시편 기자의 말을 들어보자.

> 귀인들을 의지하지 말며 도울 힘이 없는 인생도 의지하지 말지니 시 146:3

극한의 상황에서 당신은 누구를 바라보는가? 모든 환난에서 피할 길은 오직 하나밖에 없다. 주님께로 가는 길이다. 오직 예수만이 길이요 진리요 생명이 되시기 때문이다. 한계 앞에 섰을 때, 사람이 아닌 하나님께 의지할 수 있는 사람은 얼마나 복된가? 문제가 있다고 해서 누구나 하나님을 찾는 것은 아니다. 세상에서 노력하고 애쓰는 만큼 하나님을 찾아 구한다면 얼마나 큰 은혜를 입겠는

가. 그런데도 사람들은 하나님을 찾지도 구하지도 않는다.

> 너희는 여호와를 만날 만한 때에 찾으라 가까이 계실 때에 그를 부르라 사 55:6

이스라엘 백성은 여전히 애굽을 찾고 모압을 찾아간다. 문제 앞에서, 한계 앞에서 하나님을 찾지 않고 사람을 찾는 것이다. 이것이 불신앙이다. 도움을 무한정 줄 수 있는 인생은 없다. 그들이 나빠서가 아니라 인간의 한계일 뿐이다. 그러니 모든 인생은 하나님을 구해야 한다.

> 구하라 그리하면 너희에게 주실 것이요 찾으라 그리하면 찾아낼 것이요 문을 두드리라 그리하면 너희에게 열릴 것이니 마 7:7

우리가 "나 좀 도와주세요" 하고 천 번을 울고, 만 번을 울어도 도울 능력이 있는 이는 하나님밖에 없다. 아무리 많이 의지해도 하나님께는 자존심 상할 일이 없다. 왜냐하면, 그분은 하나님이시기 때문이다. 자녀나 부모에게 도와달라고 세 번만 해 보라. 언젠가부터 전화도 받지 않을 것이다.

악성 종기의 재앙으로 온 나라 백성이 살이 썩는 고통 가운데

처하게 되었다. 당신이라면 이때 누구를 바라보겠는가? 오직 예수 그리스도여야 한다. 그리스도의 보혈은 어떤 질병도 치료할 수 있는 능력이 있다. 그러나 예수 그리스도의 보혈을 통해서도 치료하지 못할 병이 단 하나 있는데, 바로 회개하지 않는 병이다. 회개하지 않는 병은 교만이요, 고집이요, 어리석음이다.

애굽의 바로는 회개하지 않았다. 회개해야 할 사람이 하지 않으니 자신뿐 아니라 그와 관련된 모든 사람이 고통을 겪게 되었다. 기도해야 할 사람이 기도하지 않으면, 주님 안에서 살아야 할 사람이 그렇게 살지 않으면 그와 관계 맺은 사람들이 엉뚱하게 고통을 겪을 수 있다.

사명을 버리고 도망한 요나 한 사람 때문에 얼마나 많은 사람이 고통을 받았던가? 결국 그가 일어나 바다에 던져지니 거대한 풍랑이 잠잠해졌다. 그러나 사명을 저버린 요나를 혼내 주기 위해 풍랑을 보내신 것은 아니었다. 사명자는 하나님의 뜻에 따라 살아야 함을 요나가 스스로 깨닫기를 바라셨다.

그러니 자신의 한계 앞에서 하나님을 찾아야 한다. 자신의 모자람을 고백하고 하나님의 은혜를 구해야 한다.

> 환난 날에 나를 부르라 내가 너를 건지리니 네가 나를 영화롭게 하리로다 시 50:15

하나님의 마음은 초지일관 사랑이다

계속되는 재앙으로 바로의 마음이 점점 더 완악해졌다. 하나님을 끝까지 대적할 수 있으리라 착각했기 때문이다.

> 그러나 여호와께서 바로의 마음을 완악하게 하셨으므로 그들의 말을 듣지 아니하였으니 여호와께서 모세에게 말씀하심과 같더라 출 9:12

하나님이 바로의 마음을 완악하게 하셨다는 말씀을 잘 이해해야 한다. 바로의 착한 심성을 완악하게 바꾸셨다는 게 아니라 악한 마음을 그대로 버려두셨다는 뜻이다. 인간이 하나님을 거역하는 것은 강함이 아니라 어리석음이요 미련한 짓이다. 마귀에게 마음을 빼앗긴 탓이다.

마귀는 가룟 유다의 마음에 예수님을 팔려는 생각을 집어넣었다. 예수님의 제자로 3년을 넘게 살았는데도, 마귀에게 마음을 빼앗기니 예수님을 배신하고 팔아 버렸다.

애굽과 바로에게 내려진 여섯 번째 재앙은 온몸에 악성 종기가 나는 재앙이었다. 그런데 사람의 얼굴과 온몸에 돋는 악성 종기보다 더 심각한 재앙이 있다. 마음을 마귀에게 빼앗겨 하나님을 거부하고 거스르는 완악함을 갖는 것이다. 마음과 영혼에 돋은 악성 종기인 셈이다. 악성 종기를 제때 치료하지 않으면 몸이 망가진다.

마찬가지로 마음에 난 악성 종기를 치유하지 않으면 삶이 무너질 뿐만 아니라 다른 사람의 마음까지 해치게 된다.

더 나아가 영혼에 난 종기를 치유하지 않으면 영혼이 무너진다. 몸에 생긴, 눈에 보이는 악성 종기보다도 치료가 더 시급한 것은 바로 영혼에 난 악성 종기다. 하나님을 믿지 않는 것은 마음을 마귀에게 빼앗겼기 때문이다. 가룟 유다의 마음을 빼앗았던 마귀가 오늘도 성도들의 마음을 도둑질한다. 깨어 있지 않으면 순간적으로 마음을 빼앗기는 것이다.

> 모든 지킬 만한 것 중에 더욱 네 마음을 지키라 생명의 근원이 이에서 남이니라 잠 4:23

게다가 하나님은 바로의 마음을 더 완악하게 하신 것이 아니라 그의 완악함대로 내버려두셨다고 말한다.

"어디 네가 하고 싶은 대로 해 보아라!"

자기 소견에 옳은 대로 행하는, 마음과 영혼이 병든 바로를 보아야 한다. 계속되는 재앙으로 큰 고통을 겪으면서도 생각을 돌이키지 않고 고집부리니 얼마나 어리석은가.

천하의 애굽 왕이라도 자신의 한계에 부딪히면 왕의 보좌도, 권력도, 재물도 아무것도 아니게 된다. 왕이니 뭐든지 마음대로 할수 있을 것 같아도 하나님을 놓아 버린 인생에는 저주밖에 돌아갈 것이 없다.

　바로를 그의 완악함대로 버려두셨던 하나님이 우리를 품에 안아 주시니 감사할 따름이다. 세상이 원하는 대로 살게 놔두지 않고, 하나님의 사람으로 살게 하심을 감사해야 한다. 하나님은 우리 마음에 문제가 생기면 말씀으로 권면하신다. 하나님의 모든 지혜와 능력을 동원하여 고장 난 영혼의 병든 생각과 마음을 고쳐 주신다. 말씀으로 우리 영혼을 치료하고, 예배 중에 베푸시는 은혜로 우리 마음과 삶을 치유하시며 몸까지 고쳐 주신다. 예수 안에서 마음과 삶이 치유되고, 은혜 안에서 삶의 목적이 새로워지며, 다른 사람을 대하는 마음까지도 나음을 받으니 이 어찌 복이 아니겠는가.

　굳은 마음, 오염된 마음이 주일 예배 시간에 말씀 안에서 치료 받으니 이 또한 축복이다. 교회에 야곱으로 왔다가 이스라엘이 되어 집으로 돌아가는 것이다.

　야곱의 이름 뜻은 "속이는 자, 빼앗는 자, 사기꾼, 인간적으로 사는 자"다. 반면에 이스라엘은 "하나님으로 사는 자"라는 뜻이다. 하나님은 야곱을 이스라엘로, 시몬을 베드로로, 사울을 바울로 변화시키셨다. 당신도 그런 경험을 해 보았는가? 영혼의 치료자 되시는 하나님을 만남으로써 존재가 변화되는 경험은 그야말로 축복이다. 세상이 다 변해도 내가 변하지 않으면, 인생에 변화는 없다. 그러나 내가 변하면 세상이 어띠하든, 환경이 어떠하든 문제가 되지 않는다.

하나님은 자신의 백성을 절대 포기하지 않으신다. 우리를 향한 하나님의 마음은 초지일관 사랑이다. 변함없는 사랑이다. 첫 번째 재앙부터 마지막 재앙까지, 아니 영원히 변함없으실 것이다.

"내 백성을 보내라! 그들이 나를 섬길 것이니라."

자신을 향한 하나님의 사랑을 확인했다면, 이제 마음을 정해야 한다. 시편 기자는 이렇게 기도했다.

> 하나님이여 내 속에 정한 마음을 창조하시고 내 안에 정직한 영을 새롭게 하소서 시 51:10

그렇다. 하나님 앞에 결단해야 한다. 세상에서 살지만, 하나님의 백성으로서 살 것을 결단하라. 하나님의 백성으로, 하나님을 믿는 사람으로 살아가는 것이 얼마나 큰 축복인가? 그 축복을 시편 기자는 이렇게 고백했다.

> 주의 궁정에서의 한 날이 다른 곳에서의 천 날보다 나은즉 악인의 장막에 사는 것보다 내 하나님의 성전 문지기로 있는 것이 좋사오니 시 84:10

하나님의 백성으로 살기로 했다면, 또 한 가지 결단할 것이 있다. 하나님을 사랑하고, 하나님을 섬길 것을 결단해야 한다.

"그들이 나를 섬길 것이니라."

하나님은 당신의 백성에게서 섬김, 즉 예배를 받기 원하신다. 사실, 여호와 하나님은 아무도 아무것도 필요로 하지 않으신다. 하나님이 하늘나라 살림을 꾸리기 위해 일꾼을 필요로 하시는가? 아니면 우리를 용역으로 불러 예배를 섬기게 하시는가? 섬기는 사람이 있어야만 하나님이 되는 존재가 아니시다. 스스로 계시는 분이기 때문이다.

그런데도 하나님은 왜 우리의 섬김을 원하시는가? 섬김이 바로 우리가 사는 비결이기 때문이다. 사람이 창조된 목적이 바로 하나님을 섬기며 사는 것이다.

> 내가 너를 세웠음은 나의 능력을 네게 보이고 내 이름이 온 천하에 전파되게 하려 하였음이니라 출 9:16

하나님은 애굽의 바로를 자신이 세웠다고 말씀하신다. 분명한 목적을 가지고 그를 왕으로 삼으셨다는 것이다. 애굽의 왕이 그러할진대 당신을 하나님의 자녀로 삼으신 목적은 얼마나 크고 분명하겠는가.

성도에게는 하나님을 나타내고 하나님을 전해야 하는 사명이 있다. 우리가 자신의 삶을 통해 하나님을 나타내고자 하면 하나님은 우리 인생을 통해 자신을 드러내 보여 주실 것이다. 우리가 잊

지 말아야 할 질문이 있다. '나는 누구인가? 나는 무엇으로 사는 사람이어야 하는가?'

Part 3

하나님을 알아가는 백성

일곱 번째 재앙 출애굽기 9:18~26

우박,
재앙과 함께 내리는 하나님의 자비

애굽에 내려진 열 가지 재앙 가운데 일곱 번째 재앙은 우박이었다. 재앙이 선포될 때마다 한결같이 들리는 메시지가 있다.

내 백성을 보내라 그들이 나를 섬길 것이니라 출 9:13b

모세의 출애굽 선포는 이스라엘 백성을 노예로 부리고 있는 바로에게는 전쟁 선포와도 같았다. 실제로 그것은 영적 전쟁이었다. 그런데 모세는 바로 말고도 또 다른 상대에 맞서 힘겹게 싸우고 있었다. 이스라엘 백성과 씨름했던 것이다. 비록 노예 신분이긴 하지만 애굽에서 430년을 살아온 이스라엘 백성이 그곳을 떠나기가 쉬웠겠는가?

우여곡절 끝에 출애굽 한 이스라엘 백성은 광야에서 이렇게 구시렁거렸다.

> 11 그들이 또 모세에게 이르되 애굽에 매장지가 없어서 당신이 우리를 이끌어 내어 이 광야에서 죽게 하느냐 어찌하여 당신이 우리를 애굽에서 이끌어 내어 우리에게 이같이 하느냐 12 우리가 애굽에서 당신에게 이른 말이 이것이 아니냐 이르기를 우리를 내버려 두라 우리가 애굽 사람을 섬길 것이라 하지 아니하더냐 애굽 사람을 섬기는 것이 광야에서 죽는 것보다 낫겠노라 출14:11~12

모세는 바로와의 전쟁과 이스라엘 백성과의 씨름 중에서 어느 것이 더 힘들었을까. 바로가 힘든 상대이지만 그의 마음을 더 아프게 한 것은 아마도 이스라엘 백성이었을 것이다. 바로는 하나님이 내려 주시는 재앙으로 맞서 싸워 이기면 되지만, 이스라엘 백성은 사랑으로 설득해야 했으니 쉽지 않았다.

모세의 출애굽 선포는 이스라엘 백성에게나 바로에게나 모두 처절한 영적 싸움이었다. 마치 복음을 먼저 영접한 사람들이 감당해야 할 사명과도 같다. 세상 사람들이 듣든지 안 듣든지 생명의 복음을 선포해야 하는 사명 말이다.

재앙에 반응하는 두 가지 자세

복음을 전하는 일은 쉽지 않다. 예수님이 우리를 살리기 위해 십자가에서 돌아가셔야 했으니, 복음은 목숨을 걸고 주어진 것이다. 한 나라에서 한 나라로 복음이 전해지는 과정을 보면, 수많은 생명이 희생되었음을 알 수 있다. 그러므로 복음이 당신에게 저절로 온 것이 아니다.

보혈의 복음을 은혜로 받은 자는 복음을 전할 때 이런 태도를 보여야 한다.

"피값 치르고 주신 복음, 피값의 무게로 받자!"

"목숨 걸고 받은 복음, 목숨 걸고 전하자!"

이것이 노아가 사명을 감당한 모습이요 선지자들이 사명을 수행한 자세였다. 노아가 방주를 짓는 120년 동안 어느 누가 그에게 반응을 보였던가? 미친놈 소리만 들었을 것이다. 그러나 하나님의 말씀대로 홍수 심판이 임했다. 노아는 구원의 은혜를 입고자 방주로 들어감으로써 세상에 있는 많은 것들을 포기해야 했다. 모세도 출애굽이라는 사명을 감당하기 위하여 애굽의 금은보화를 내려놓아야 했다.

복음이 복음 되고, 말씀이 말씀 되기까지는 전하는 자가 인내심을 가지고 거절하는 자보다 더 끈질기게 전해야 한다. 이런저런 이유로 망설여서는 복음을 전할 수 없다. 환경을 탓해서야 북한 선교를 어떻게 할 수 있겠는가. 어떤 사람들은 중국이나 캄보디아처럼 위험한 곳에서 왜 선교해서 문제를 일으키느냐고 한다. 그러나 복음은 본질상 세상에 문제를 일으킬 수밖에 없다. 세상이 원하는 것을 주지 않기 때문이다.

노아와 모세가 그러했듯이 우리가 받은 복음은 너무나 소중해서 전하고 또 전해야 한다. 하지만 복음의 소중함을 모르는 세상 사람들은 "우리를 내버려 두어라. 너희나 잘 믿어라" 하며 거절한다. 그러나 복음을 전하는 사명을 가진 사람은 그럴 수 없다. 죽음의 길인지도 모른 채 몰려가는 세상 사람들을 그냥 둘 수 없는 것이다. 세상을 살리는 것, 이것이 복음이다.

자녀가 10대가 되면 부모에게 이렇게 말하곤 한다.

"내가 알아서 할게요."

부모가 내버려 두면 알아서 크겠다는 소리다. 그러나 세상 어느 부모가 자녀를 그냥 내버려 두는가? 부모라면 그럴 수 없다. 세상이 얼마나 험한지 잘 알기 때문이다.

교회에서도 성도들이 "우리를 그냥 놔두라"며 불평할 때가 있다. 그러나 목사라면 성도들을 방치할 수만은 없다. 사람이 하나님의 은혜 아래 있지 않으면 어떻게 되는지 잘 알기 때문이다. 심지어 내 안의 '자아'가 '나'를 그냥 내버려 두라고 한다.

"구원받았으면 됐지, 은혜를 안 받는다고 지옥에 가는 것도 아니고…. 은혜받는다고 특별한 게 뭐 있나? 그러니 그냥 이대로 살아."

그러나 자신을 사랑한다면 그냥 내버려 두어서는 안 된다. 무엇보다도 내 안의 나와의 싸움에서 이겨야 한다.

하나님은 사명을 저버리고 도망하는 요나에게 큰 폭풍을 보내셨다. 거친 바람이 요나가 탄 배를 사정없이 흔들었다. 그러나 하나님이 보내신 폭풍의 실체는 진노가 아니었다. 오히려 사랑과 자비였다. 하나님이 폭풍만 보내지 않고 거대한 파도 아래 깊은 물 속으로 '큰 물고기'도 함께 보내 주셨기 때문이다. 하나님은 요나가 타고 있던 배를 풍랑으로 흔들어 그가 있어야 할 자리로 가게 하셨다.

이처럼 애굽에 선포된 재앙에도 하나님의 사랑과 자비가 담겨있다.

> 내일 이맘때면 내가 무거운 우박을 내리리니 애굽 나라가 세워진 그 날로부터 지금까지 그와 같은 일이 없었더라 출 9:18

재앙을 오늘 당장 내리지 않고, "내일 이맘때" 내리겠다고 예고

하며 회개하고 순종할 기회를 주셨다. 계속해서 거절해 온 바로에게 하나님이 재차 기회를 주신 것이다. 또한 애굽 사람들에게도 자비를 베푸신 것이다. 사람이나 짐승이나 들에 있으면 무거운 우박을 맞겠지만 집에 머물면 보호를 받을 것이다.

> 이제 사람을 보내어 네 가축과 네 들에 있는 것을 다 모으라 사람이나 짐승이나 무릇 들에 있어서 집에 돌아오지 않는 것들에게는 우박이 그 위에 내리리니 그것들이 죽으리라 하셨다 하라 하시니라 출9:19

재앙의 예고는 그들이 말씀에 순종할 것인가에 대한 시험이었다. 재앙을 피하는 방법은 간단했다. 회개하거나 아니면 말씀을 듣고 집 안으로 피하거나, 둘 중 하나를 하면 되었다.

애굽 사람들도 지난 여섯 번의 재앙을 겪으며 학습한 바가 있다. 그러니 일곱 번째 재앙 선포에 그들도 대비할 수 있었다.

재앙의 경고에 대한 사람들의 반응은 두 가지로 갈렸다. "여호와의 말씀을 두려워하거나 아예 말씀을 마음에 두지 않거나" 하는 것이었다.

말씀에 대한 반응이 중요한 이유

애굽에서 여호와의 경고에 귀 기울이는 것은 이제 상식이 되었다. 어리석은 사람은 피할 길을 미리 알려 주시는 말씀이 있음에도 불구하고 외면했다. 하나님의 경고를 끝까지 두려워하지 않고 마음에 두지도 않았다. 결과적으로 그들의 불신앙이 파멸을 불러들였다.

그러나 한편에서 놀라운 일이 일어났다. 선포된 말씀을 듣고 반응한 애굽 사람들이 생겨난 것이다.

> 바로의 신하 중에 여호와의 말씀을 두려워하는 자들은 그 종들과 가축을 집으로 피하여 들였으나 출 9:20

돌덩이 같던 애굽 사람들의 마음에 하나님의 말씀이 들리기 시작했다. 그 수가 얼마나 되었는지는 알 수 없지만, 바로의 신하 중에도 여호와의 말씀을 두려워하는 자들이 있어 말씀에 순종하기 시작했다. 재앙의 이면에 숨겨 있던 하나님의 자비가 열매 맺는 순간이다.

재앙 선포에 대해 애굽 사람들이 보인 반응은 오늘날 우리에게도 적용할 수 있다. 우리는 선포된 말씀에 어떤 반응을 보이는가? 신앙생활에서 주목해야 할 부분은 말씀에 대한 태도다. 말씀에 대해 감정이나 자존심으로 반응하는 것은 참 신앙이 아니다. 어떤 선택이라도 말씀을 뒤로하고 자기합리화에 급급하다면 불신앙이다. 말씀 앞에 자신을 내려놓는 것이 그리스도인의 참된 지혜요 믿음이다.

말씀에 대한 반응이 왜 그렇게 중요할까? 결국, 말씀대로 이루어지기 때문이다.

애굽에 우박 재앙이 선포되자 어떤 일이 일어났는가?

> 23 모세가 하늘을 향하여 지팡이를 들매 여호와께서 우렛소리와 우박을 보내시고 불을 내려 땅에 달리게 하시니라 여호와께서 우박을 애굽 땅에 내리시매 24 우박이 내림과 불덩이가 우박에 섞여 내림이 심히 맹렬하니 나라가 생긴 그 때로부터 애굽 온 땅에는 그와 같은 일이 없었더라 출 9:23~24

여호와의 말씀을 만홀히 여긴 사람들에게 불덩이가 섞인 우박이 심히 맹렬하게 내렸다. 이것은 소돔 성의 멸망을 연상시킨다. 소돔과 고모라의 멸망 선포 앞에 롯의 사위들이 보였던 반응을 떠올려 보라.

> 롯이 나가서 그 딸들과 결혼할 사위들에게 말하여 이르기를 여호와께서 이 성을 멸하실 터이니 너희는 일어나 이 곳에서 떠나라 하되 그의 사위들은 농담으로 여겼더라 창 19:14

참 신앙은 그가 봉사를 얼마나 열심히 하는가보다 말씀에 대해 어떻게 반응하는가를 보면 알 수 있다. 마음에 들지 않는 사람, 마음에 들지 않는 환경 앞에서 보이는 태도가 곧 그의 인격과 신앙이다.

마귀는 의심을 심음으로써 인생 가운데 말씀이 말씀 되지 못하게 만들곤 한다. 에덴동산에서부터 그랬다. 말씀을 부분적으로만 순종하게 만든다. 말씀을 온전히 받고, 온전히 순종하는 것이 얼마나 큰 축복이며 은혜인가.

"너는 내 아들, 내 장자"의 의미

일곱 번째 재앙은 대단했다. 모세가 하늘을 향하여 지팡이를 드니 여호와께서 우렛소리와 우박과 불을 애굽 온 땅에 보내셨다. 이 엄청난 재앙을 누가 피할 수 있었겠는가. 바로를 비롯하여 여호와의 말씀을 마음에 두지 않았던 사람들은 큰 대가를 치르게 되었다. 들에 있던 가축들이 모두 죽었다.

반면에 여호와의 말씀을 두려워하여 그 종들과 가축을 집으로 피하여 들인 사람들은 은혜를 입었다. 그들이 말씀에 순종하여 입었던 은혜는 조건부 은혜다.

우박 재앙이 내리는 가운데서도 이스라엘 백성은 일방적으로 은혜를 입었다.

이스라엘 자손들이 있는 그 곳 고센 땅에는 우박이 없었더라
출 9:26

　　이스라엘 백성이 거주하던 고센 땅에는 재앙이 없었다. 그들이 은혜를 입은 비결은 더 착해서도 아니고 순종을 잘해서도 아니었다. 하나님이 이스라엘을 "내 아들, 내 장자"로 삼으신 가운데 입은 특별한 은혜였다. 나의 나 된 것은 하나님의 은혜다. 이스라엘 백성이 재앙을 면하게 된 것은 그들의 선택이나 능력 때문이 아니었다. 일방적인 은혜였다.

　　비참하게 살아온 이스라엘 백성에게 하나님의 은혜가 내리기 시작했다. 그들은 자신들이 평생 당하고만 살아야 할 운명인 줄 알았다. 고통은 언제나 자신들 몫이라고 여겨 왔다. 그래서 때로는 이스라엘 백성이 아닌 애굽 사람으로 태어났으면 좋았을 걸 하고 푸념했을 것이다.

　　그런데 상황이 180도 달라졌다. 우박이 애굽 온 땅을 쑥대밭으로 만든 데 비해 자신들이 사는 고센 땅은 평화롭기만 한 것을 보고, 이스라엘 백성은 자신들을 구별하시는 하나님의 은혜를 비로소 눈으로 확인했다.

　　하나님은 당신의 자녀를 언제까지나 버려두시는 분이 아니었다. 때가 되자 "너는 내 아들, 내 장자"라고 선포하며 은혜를 베푸셨다. 이스라엘 백성은 하나님이 억울하게 노예가 되어 감옥살이까

지 하던 요셉을 외면하지 않고 돌보셨던 것을 옛이야기로 들으며 자랐다. 이야기 속의 하나님은 때가 되자 요셉의 삶에 담아 두었던 당신의 섭리를 마음껏 펼치시는 분이었다.

이스라엘 백성은 이야기로만 듣던 하나님을 모세를 통해 내리시는 재앙들로 직접 체험하고 있다. 이제는 애굽 사람들조차 '우리가 이스라엘 백성이면 얼마나 좋을까' 하고 바라게 되었다.

나는 언젠가 우리에게도 이런 날이 꼭 오리라고 굳게 믿는다. 지금은 성도들이 소위 잘나가는 세상 사람들을 부러워할 만큼 연약해 보일지 몰라도, 언젠가는 세상 사람들이 복음으로 사는 그리스도인들이 누리는 큰 은혜를 보고 오히려 부러워하는 날이 올 것이다. 그때 그들이 말할 것이다.

"나도 하나님을 믿었더라면, 나도 하나님의 백성으로 살았더라면…"

그런 날이 반드시 올 것이다.

그날이 올 것을 믿는다면 바울처럼 세상을 향하여 믿음으로 외쳐야 한다. "내가 입은 이 은혜를 모두가 알았으면 좋겠다"고 말이다. 이스라엘 백성이 애굽 사람들이 입은 조건부 은혜보다 더 큰 은혜를 입었다면, 우리가 입는 보혈의 은혜는 어느 정도이겠는가.

가장 큰 은혜를 입는 사람들이 있다. 죄와 사망 가운데 영원한 지옥에 들어갈 뻔했던 사람들이 자유를 얻는 것이 가장 큰 은혜다. 예수 그리스도의 복음을 영접하고, 죄에서 자유하게 된 것이다.

이스라엘 백성은 하나님 나라의 백성이지만 애굽에서 살아야 했다. 당신 또한 천국 시민권을 가진 하나님의 사람이지만 사는 동안 세상 속에서 살아야 한다. 세상 속에서 그리스도에게 속한 사람으로 사는 것은 결코 쉬운 일이 아니다. 가끔 '나도 애굽 사람처럼 마음대로 살았으면 좋겠다' 싶을 때가 있을 것이다.

그러나 구원의 큰 은혜를 기억하라. 우리는 보혈의 은혜로 평안의 옷을 입고 온갖 은혜를 누리며 살고 있다. 보혈의 은혜를 입은 그리스도인에게 죄와 사망은 없다.

하나님의 마음 출애굽기 9:27~35

바로 앞에 선 모세를 보라

끔찍한 재앙을 일곱 번이나 겪었다면, 이쯤에서라도 하나님을 인정하는 것이 상식적으로 합리적이다. 그러나 바로는 그렇게 하지 않는다. 그는 밀려드는 재앙 앞에 우선은 꼬리를 내리는 듯 보이다가도 마지막에는 다시 마음을 완악하게 하여 고집을 꺾지 않곤 했다. 그는 하나님에 대해 말하면서도 하나님을 인정하지는 않는다. 자기 죄를 인정하는 것 같다가도 결국 회개는 하지 않는다.

바로의 결론은 늘 불신앙이다.

왜냐하면 사람 안에 있는 죄성이 수단과 방법을 가리지 않고 하나님을 거역하게 만들기 때문이다. 말씀을 깨달은 것 같은데 삶에는 변화가 없다. 이것이 마귀에게 마음을 빼앗긴 사람들의 모습이다.

엄청난 우박 재앙 앞에서 바로가 모세와 아론을 황급히 불러들여 이렇게 말한다.

> 27 바로가 사람을 보내어 모세와 아론을 불러 그들에게 이르되 이번은 내가 범죄하였노라 여호와는 의로우시고 나와 나의 백성은 악하도다 28 여호와께 구하여 이 우렛소리와 우박을 그만 그치게 하라 내가 너희를 보내리니 너희가 다시는 머물지 아니하리라 출 9:27~28

우박 재앙으로 놀란 바로는 자신의 죄를 고백하며 기도를 요청했다.

"내가 범죄하였노라. 여호와는 의로우시고 나와 나의 백성은 악하도다."

바로의 고백은 이 땅을 살아가는 모든 사람의 고백일 것이다. 최후의 심판대 앞에서, 거룩한 보좌 앞에서 인간은 누구나 이런 고백을 하게 될 것이다.

"여호와는 의로우시며 나는 죄인이다."

이 땅을 살아가는 사람은 모두 죄인이다. 다만 자신이 죄인인 것을 인정하거나 인정하지 않거나 할 뿐이다. 사람이 자기 죄를 인정하지 않는다고 해서 그에게 죄가 없는 것은 아니다.

> 모든 사람이 죄를 범하였으매 하나님의 영광에 이르지 못하더니 롬 3:23

하나님의 구원은 자신의 죄인 됨을 인정하고 고백하는 데서부터 시작된다. 완악했던 바로가 우박 재앙으로 자신의 죄를 고백하니 놀라울 따름이다. "여호와는 의로우시고 나와 나의 백성은 악하도다"라는 바로의 말을 보면 그가 곧 회개할 것만 같다. 그러나 그의 고백은 회개로 이어지지 못했다. 사람은 고통 중에 있을 때면 곧잘 회개할 듯한 분위기를 연출하지만, 마음에서 우러나오는 진정한 회개를 하기는 쉽지 않다. 당장 문제를 해결하기에 급급하여 하는 회개는 영혼에 아무런 변화도 줄 수 없다. 진정한 회개는 그의 삶과 영혼에 반드시 변화를 일으키게 되어 있다.

모세는 바로의 거짓 고백을 판단하지 않는다

바로는 쏟아지는 우박 재앙 앞에서 자신의 악함을 인정하면서도, "이번은 내가 범죄하였노라"라는 단서를 붙였다. 과거에 저지른 다른 죄들은 인정하지 않은 채, 오직 '이번만' 범죄하였다는 것이다. 죄를 인정하는 듯 보였으나 슬쩍 빠져나간 것이다. "죄를 짓기는 했는데… 이번 것만 죄"라는 말이다. 부분적으로나마 자기 의를 주장하고 있다.

바로의 고백은 자기 죄를 깊이 회개한 자의 고백이 아니었다. 눈앞에 닥친 재앙을 일단 어떻게 해서든 모면해 보고자 하는 꼼수였다. 마음에 없는 고백이었던 것이다.

마귀는 언제나 죄를 부분적으로 고백하고, 하나님을 부분적으로 믿도록 유도한다. 하나님을 부분적으로 인정함으로써 온전한 믿음에 이르지 못하게 한다. 진정한 회개는 '이번만'이라는 단서를 붙이지 않고, 자신이 근본적으로 죄인임을 고백하는 것에서 시작한다. 타고난 죄인임을 고백하는 것이다.

나는 하나님이 용서해 주시지 않으면 안 되는 사람이란 고백이 있어야 구원이 이루어진다. 죄인임을 인정해야 은혜를 경험할 수 있다. 바울은 "죄인 중에 내가 괴수"(딤전 1:15)라며 자신이 세상에서 가장 큰 죄인이라고 고백했다. 그는 사십에서 하나 감한 매를 다섯 번이나 맞고, 세 번 태장으로 맞고도 자신을 그만한 벌을 받아 마땅한 죄인으로 여겼다. 은혜 안에서 자신을 생각한 것이다.

> 율법이 들어온 것은 범죄를 더하게 하려 함이라 그러나 죄가

더한 곳에 은혜가 더욱 넘쳤나니 롬 5:20

"죄가 더한 곳에 은혜가 더욱 넘친다"는 말은 자신이 깨달은 죄의 크기에 비례하여 은혜가 느껴진다는 뜻이다. 용서받은 것을 보면 은혜의 크기가 보인다. 죄를 지으면 망가진다. 그러나 그리스도 안에서 자신이 죄인임을 깨달은 사람은 회개하며 주님께 절실히 용서를 구하게 된다. 깨달은 만큼 용서의 은혜가 주어지는 것이다. 그러므로 진정한 은혜는 자신이 죄인임을 고백할 때 비로소 입을 수 있다.

마귀는 늘 온전함에 이르는 것을 방해한다. 죄를 고백하되 부분적으로만 인정하라고 속삭인다. 자기 의가 있음을 주장하게 한다. 원래 괜찮은 사람이라 의로움에 비하면 지은 죄는 얼마 안 된다고 주장하는 것이다.

바로의 고백이 거짓임을 알 수 있는, 또 하나의 단서는 "나와 나의 백성은 악하다"는 말이다. 죄를 고백할 때는 자기 죄만 고백하면 된다. 그런데 바로는 백성의 죄까지 들먹이고 있다. 자기만 죄를 지은 게 아니라는 뜻이다. 거짓 회개의 특징이다. 대부분 다른 사람의 죄는 잘 보는데 자신의 죄는 제대로 보지 못한다. 어리석은 사람은 자기 죄는 말하지 않고 남의 죄만 떠들어 댄다. 자기가 지은 죄보다 남의 죄를 더 크게 보고 자신을 의인으로 생각하는 순간 은혜는 사라진다.

진정한 회개는 남의 죄는 보지 않고 자기 죄만 보며 고백한다. 더 나아가 자기 죄뿐 아니라 다른 사람의 죄까지도 내 탓으로 고백한다. 진정한 은혜는 하나님 앞에서 자신의 죄를 보고 고백할 때 임한다.

얼마 전에 읽은 책이 생각난다. 35년이라는 긴 시간 동안 우정을 나누어 온 친구들의 감동적인 이야기였다. 지난 세월, 주인공은 친구를 만날 때 남의 험담을 한 번도 안 했다고 한다. 친구와 만나는 시간을 다른 사람을 비방하는 데 허비하고 싶지는 않았다는 것이다. 그의 친구는 그와 35년을 사귀면서 지나간 과거 대신에 언제나 미래에 관한 이야기를 나눴다고 한다. 하나님은 축복을 미래라는 그릇에 담아 주신다고 믿기 때문이었다.

이 이야기는 남의 죄와 부족함을 판단하며 험담하는 것은 어리석은 일일 뿐 아니라 죄임을 말해 준다. 사람이 사람을 의지하거나 사람에게 매이는 순간 하나님과 멀어지게 마련이다. 또한 과거에 매이면 미래가 잘 안 보인다.

바로는 재앙이 두려워서 거짓으로 고백했다. 진정한 회개는 '재앙으로 인한 두려움'이 아닌 '하나님에 대한 두려움'에서 나온다. 바로는 재앙만 두려워하고, 정작 두려워해야 할 하나님은 끝까지 인정하지 않았다. 우선 재앙을 피하고 보자는 식의 고백에 진정성이 있을 리 만무하다.

그리스도인들은 회개의 조상, 회개의 모범으로 다윗을 말하곤 한다. 다윗은 죄로 인해 고통 중에 시련을 겪기보다 자신의 죄를 인정하고 온전히 회개하는 편을 선택했다. 오히려 자기가 당하는 시련보다 저지른 죄가 훨씬 더 크다고 고백했다. 그래서 다윗은 언제나 시련을 거두어 달라는 기도 대신 자기 죄를 사해 달라는 기도를 했다. 마귀는 하나님을 부분적으로 믿고 가짜 회개를 하도록 유도하지만 다윗은 늘 하나님을 온전히 믿었고 통렬히 회개했다. 마귀는 어떻게 해서든 성도의 믿음을 훼손하려고 들지만 성도는 철저한 회개로 믿음을 온전히 지켜야 한다.

그런데 모세는 바로의 고백이 거짓임을 알고 있었다. 바로의 거짓 고백 앞에 모세가 말한다.

> 그러나 왕과 왕의 신하들이 여호와 하나님을 아직도 두려워 하지 아니할 줄을 내가 아나이다 출 9:30

모세는 바로의 거짓 고백을 알면서도 자의로 판단하지 않고 그의 기도 요청을 그대로 받아들였다. 그에게서 참된 교훈을 배운다. 판단은 오직 하나님만이 하실 수 있다는 사실을 인정하는 것이 지혜다. 바로의 고백이 가짜인지 진짜인지에 대한 판단은 모세의 몫이 아니었다. 그는 바로의 고백과 기도 요청이 진심이 아니라는 것을 알았지만 목소리를 높이지 않았다. 판단을 하나님께 맡겼다.

우리는 하나님의 일을 한다고 하면서도 제 생각을 앞세우는 잘못을 저지르곤 한다. 하나님보다 먼저 정죄하고, 하나님에 앞서 판단한다. 교회에서도 다른 사람의 믿음에 대해 왈가왈부 함부로 판단하는 경우가 있다.

"그 사람의 기도는 기도도 아니야. 저 사람의 봉사는 봉사가 아니야. 그렇게 믿어서는 천국에 갈 수 없어."

성도는 다른 사람을 판단하고자 하는 자신과 싸워야 한다. 자격 없이 구원받은 우리가 어떻게 다른 사람의 자격을 운운할 수 있겠는가? 모세는 자기 생각을 내세우지 않았다. "바로, 당신은 원래 그런 사람입니다"라고 판단하지 않았다.

탕자가 거지꼴로 집에 돌아오자 형이 동생을 판단했다. 아버지가 작은아들을 품에 안고 기뻐할 때 큰아들은 탕자의 회개를 인정하지 않았다. 큰아들의 말은 틀린 데가 없었지만 아버지의 마음과 달랐다. 아버지가 원한 것은 아들의 정죄가 아니라 무사 귀환이었다.

모세는 바로가 계속해서 하나님의 말씀을 거절하며 거짓 고백해도 감정적으로 대응하지 않는 온유한 성품의 사람이었다. 그는 바로의 거짓 회개조차 판단하지 않았다. 하나님이 보내시면 몇 번이고 다시 가서 말씀을 전했다. 이것이 바로 모세에게서 배울 교훈이며 닮고 싶은 매력이다.

모세는 현장에 뛰어들어 기도한다

바로의 거짓 회개를 판단하지 않고 받아들인 모세는 그가 기도를 요청하자 중보기도 했다. 오늘날 그리스도인들이 모세의 중보기도에서 배울 것이 있다.

> 모세가 그에게 이르되 내가 성에서 나가서 곧 내 손을 여호와를 향하여 펴리니 그리하면 우렛소리가 그치고 우박이 다시 있지 아니할지라 세상이 여호와께 속한 줄을 왕이 알리이다
> 출 9:29

우박 재앙으로 고통스러워하는 애굽과 바울을 위해 모세가 성에서 나가 손을 펴 기도하겠다고 말한다. 골방에 들어가서 기도하겠다고 하지 않았다. 우박과 불이 쏟아지는 현장에 나아가 그들의 고통에 동참하겠다는 것이다.

모세는 성 밖, 곧 하나님이 뇌성과 벼락과 우박이 뒤섞여 쏟아지는 곳으로 나갔다. 재앙 때문에 짐승이나 사람이나 모두 죽어 나가는 곳이었다. 모세라고 무사하리라는 보장이 없었다. 그러나 그는 바로의 죄를 대신 짊어지는 심정으로 성 밖으로 나가 중보기도를 했다. 예수님이 십자가를 지고 영문 밖으로 나가셨던 것처럼 말이다. 누군가의 구원을 위해 기도하는 사람은 이런 결단과 사랑을 할 필요가 있다. 진정한 중보기도는 자신의 유익을 계산하지 않는다.

모세의 중보기도에는 사랑과 긍휼이 담겨 있었다. 완악한 바로를 위하여, 그리고 지도자를 잘못 만난 애굽 백성을 위하여 중보했다. 자신에게 잘해 주는 사람들을 위해 기도한 게 아니었다. 그는 하나님이 주신 사명을 감당하느라 바로와 애굽 사람들과 씨름하면서도 그들을 미워하지 않았다. 하나님이 보내신 재앙들에 시달리고 있는 그들을 보며 불쌍히 여겼던 것이다.

모세가 그들을 미워하지 않은 이유는, 출애굽을 위한 전쟁의 진정한 상대는 바로가 아니라 눈에 보이지 않는 마귀라는 것을 알았기 때문이다. 모세는 마귀에게 사로잡혀 이용당하고 있는 그들을 오히려 불쌍히 여겼다. 출애굽을 위한 영적 싸움은 사람의 문제가 아니었던 것이다.

모세는 바로와 애굽과 싸우면서도 그들에게 매이지 않았다. 하나님의 사람이 사람에 매여 미움을 품는 순간, 시야에서 하나님을 놓치고 만다. 그는 출애굽의 목적을 바로나 애굽의 변화에 두지 않았다. 모세는 하나님의 명령에 순종하여 말씀을 전했으며, 그 과정에서 재앙에 시달리는 바로와 애굽 사람들의 아픔에 공감하면서 안타까움에 슬퍼했다.

모세는 불과 우박이 함께 쏟아지는 성 밖에 나가 재앙을 멈추어 주시도록 기도했다. 우박이 멈추지 않으면 그들과 함께 죽겠다는 각오였다.

진정한 중보기도는 멀찌감치 서서 인심 쓰듯 하는 기도가 아니다. 그들의 어려움에 동참하여 목숨 걸고 기도할 때 응답을 받을 수 있다.

모세가 여호와를 향하여 손을 폈다. 그러자 기적이 일어났다. 목숨을 건 모세의 중보에 우박이 멈춘 것이다. 하늘을 향해 손을 드는 것은 하나님의 자비를 간구하는 자세다. 또한 그의 마음에 끓어오르는 간절한 기대와 겸손을 표현한 것이다.

모세는 하나님의 마음을 읽는다

모세는 두 가지 목적을 가지고 중보기도를 했다. 첫째, 오직 하나님께만 영광을 돌린다는 것이다. 온 세상에 하나님의 이름과 영광을 나타내고자 한 것이다. 그는 자신의 이름을 드러내려고 하지 않았다. 그래서 "온 세상이 여호와께 속한 줄을 왕이 알기를 원한다"고 말할 수 있었다. 모세는 이스라엘의 구원을 위한 사명자였지만, 그들만 품은 것이 아니라 온 세상을 품은 하나님의 사람이었다. 여호와 하나님은 이스라엘만의 하나님이 아니라 온 세상의 하나님이시기 때문이다. 그는 자기 생각과 판단을 내려놓고, 온 세상을 회복하기 원하시는 하나님의 마음을 읽었다.

하나님이 아브람을 25년이나 기다려 주셨던 이유가 무엇인가? 아브람이 열국을 품는 여러 민족의 아버지가 되기까지 기다리셨다. 아브라함은 이스라엘의 조상뿐 아니라 인류의 믿음의 조상이 되어야 했다. 자기 생각과 판단을 넘어서야 신앙이 성장한다. 자기 울타리 안에 갇힌 신앙은 열심이어도 위험하다. 어느 순간 영적 교만으로 인해 마귀에게 이용당할 가능성이 있기 때문이다.

참 신앙은 더 큰 것을 품게 한다. 누군가를 용서하는 것도 믿음이 있어야 가능하다. 더 큰 것을 품었기에 용서도 할 수 있는 것이다.

모세와 아론은 둘 다 하나님께 세움을 받은 사람이다.

> 내가 너를 세웠음은 나의 능력을 네게 보이고 내 이름이 온 천하에 전파되게 하려 하였음이니라 출 9:16

이것은 모세에게 하신 말씀이 아니라 바로에게 하신 말씀이다. 모세뿐 아니라 바로도 하나님이 세우셨다는 것이다. 어디 모세와 바로뿐이겠는가? 당신을 세운 분도 하나님이시다. 이것을 믿을 때, '아, 나는 대충 살아서는 안 될 사람이구나' 하며 자신을 추스르고 정신을 바짝 차리게 된다.

바로는 하나님의 세우심을 받은 애굽 왕임에도 불구하고 마귀에게 쓰임을 받았다. 오늘날에도 우리 주위에 이 같은 사람들이 많다. 하나님이 목사, 장로, 집사, 권사, 선교사로 세워 주셨는데, 어느새 마귀에게 붙들려 마귀의 도구가 되는 경우가 있다. 그런 일이 한순간에 벌어진다.

베드로도 잠시나마 마귀에게 붙들려 주님으로부터 "사탄아, 물러가라" 하는 꾸중을 들어야 했다. 가룟 유다는 주님으로부터 세움을 받았지만 마귀에게 속아 예수님을 팔았다. 하나님의 종으로 쓰임 받을지, 마귀에게 이용당할지는 정신을 얼마나 똑바로 차리는가에 달렸다.

하나님은 하나님 되심을 세상 모든 사람에게 나타내시기를 원하셨다. 왜 원하실까? 모세는 하나님의 마음을 이해했다. 하나님은 죄인을 구원하기 원하셨던 것이다. 하나님의 마음을 읽고 알게 되면 복음을 들고 세상을 향해 달려 나가게 마련이다.

> 오직 성령이 너희에게 임하시면 너희가 권능을 받고 예루살렘과 온 유대와 사마리아와 땅 끝까지 이르러 내 증인이 되리라 하시니라 행 1:8

하나님은 이스라엘만의 하나님이 아니라 여러 민족의 하나님이시다.

"주여, 나를 아는 모든 사람이 구원받게 하소서.

주여, 내가 아는 모든 사람이 구원받게 하소서."

모세는 이스라엘의 구원을 위한

사명자였지만,

그들만 품은 것이 아니라

온 세상을 품은 하나님의 사람이었다.

참 신앙은 더 큰 것을 품게 한다.

여덟 번째 재앙 출애굽기 10:1~11

메뚜기,
영혼의 타협은 인간의 꼼수다

 바로가 완악함을 굽히지 않는 가운데 여덟 번째 경고가 내려졌다. 이번 재앙은 메뚜기 재앙이 될 것이다. 바로는 경고의 말씀을 받고도 굴복하기보다 타협하려고 들었다. 이른바 '영혼의 타협'이다. 이전에도 두 번 시도했다가 모두 실패한 바 있다. 그런데도 또 다시 타협안을 내민 것이다. 애굽 왕 바로는 마귀에게 마음을 빼앗긴 사람이었다. 마귀에게 마음을 빼앗긴 사람의 특징은 어리석음을 반복한다는 것이다.

분별력을 잃고 완악함만 남은 바로

바로는 우박 재앙이 해결되자 다시 마음이 완악해져 메뚜기 재앙을 초래했다.

> ³ 내 백성을 보내라 그들이 나를 섬길 것이라 ⁴ 네가 만일 내 백성 보내기를 거절하면 내일 내가 메뚜기를 네 경내에 들어가게 하리니 출 10:3b~4

이는 메뚜기가 지면을 덮어서 우박 재앙에도 남아 있던 모든 것을 먹어 치우게 될 것이라는 무시무시한 경고였다. 지금까지의 재앙보다 강도가 훨씬 더 세어질 것이었다. 메뚜기 재앙의 경고에 가장 먼저 놀란 사람은 바로의 신하들이었다.

완악해질 대로 완악해져 분별력을 상실한 바로와 달리 신하들은 장차 일어날 사태를 직감했다. 그들은 일곱 가지 재앙을 통해 하나님이 얼마나 두려운 분인지를 깨달았다. 그리고 하나님의 말씀이 선포되면 반드시 이루어진다는 것을 확인했다. 재앙에 시달릴 만큼 시달렸던 그들에게 또 다른 재앙의 경고는 한마디로 공포였다. 우박 재앙에서 겨우 살아남았는데, 숨도 고르기 전에 또다시 끔찍한 재앙을 맞아야 한다니, 바로의 신하들은 문자 그대로 혼절할 노릇이었다. 신하들이 바로에게 호소했다.

> 바로의 신하들이 그에게 말하되 어느 때까지 이 사람이 우리의 함정이 되리이까 그 사람들을 보내어 그들의 하나님 여호와를 섬기게 하소서 왕은 아직도 애굽이 망한 줄을 알지 못하시나이까 하고 출 10:7

그들의 말인즉슨 "이스라엘 백성이 원하는 대로 떠나게 하여 그들의 하나님 여호와를 섬기게 해 달라"는 것이다. 지금까지 연거푸 재앙을 겪었는데 또다시 당해야 한다니 견디기 힘들었을 것이다. 그들은 애굽이 망해 가는 것이 보이지 못하느냐고 바로에게 거칠게 항의했다. 왕의 완악함으로 애굽이 아예 망해 버렸다며 읍소했다.

그러나 분별력을 상실한 바로는 신하들의 말이 귀에 들어오지 않았다. 하나님의 경고를 무시한 바로는 흡사 브레이크가 고장 난 전차와도 같았다. 그는 멈출 줄 모르고 돌진하듯 달리기만 했다. 고통을 겪는다고 해서 모든 사람이 자기 잘못을 깨닫거나 뉘우치는 것은 아니다. 시련이 닥쳤을 때 자기 잘못을 깨닫고 하나님 앞에 엎드리는 것이 은혜다.

메뚜기 재앙을 경고하면서 하나님이 지적하신 바로의 죄악은 무엇일까?

> 모세와 아론이 바로에게 들어가서 그에게 이르되 히브리 사람의 하나님 여호와께서 말씀하시기를 네가 어느 때까지 내 앞에 겸비하지 아니하겠느냐 내 백성을 보내라 그들이 나를 섬길 것이라 출 10:3

"네가 어느 때까지 내 앞에 겸비하지 아니하겠느냐"는 말씀은 "언제까지 하나님의 말씀을 거역하며 마귀에게 사로잡힌 채 네 고집대로 끌려갈 것이냐"는 뜻이다. 즉, "하나님의 말씀이 그대로 성취되고 있음을 아직도 모르겠느냐"는 것이다.

메뚜기 재앙의 경고에 온 애굽이 두려움에 사로잡혔다. 공포에 질린 바로의 신하들이 하나님의 경고를 전하고 돌아가던 모세와 아론을 바로 앞에 다시 세웠다. 바로가 부른 것이 아니고, 모세가 스스로 돌아온 것이 아니라, 신하들이 데려다가 세운 것이다. 그리고 "왕이여, 이들의 말을 듣고 이들이 원하는 대로 보내 주소서" 하고 호소했다.

그러나 바로는 자기 뜻을 굽히지 않고 다시 한 번 타협을 시도하였으니 이것이 '영혼의 타협'이다.

영혼을 포기하지 않는 영성

바로의 모습을 통해 세상의 운용 방식을 엿볼 수 있다. 신하들의 간청에 한발 물러선 바로가 모세와 이스라엘 백성의 요구를 들어주겠다고 했다. 단, 조건이 있다. 그들을 다 보내 줄 수는 없고 일부만 보내 주겠다는 것이다. 바로는 '내가 이 정도 양보했으니 너희도 어느 정도 양보하는 모습을 보여라' 하고 무언의 압력을 행사했다.

다시 말해, 하나님에게 굴복하고 순종하기보다는 적당히 거래하려고 들었다. 하지만 하나님은 언제나 온전한 순종을 원하신다.

바로가 모세에게 물었다.

"너희의 하나님 여호와를 섬기러 갈 자가 누구누구냐?"

그는 모든 결정권이 자기에게 있는 것으로 착각하고 있다.

우리도 이런 착각을 하기는 마찬가지다. 세상일의 결정권이 모두 내게 있는 줄 알지만 사실 결정은 하나님이 하신다. 하나님을 어느 정도 믿어 드리고, 어느 정도 순종해 드리면 신앙에 문제가 없을 것으로 생각하는가? 이에 대해 잠언은 우리에게 이렇게 말한다.

> 사람이 마음으로 자기의 길을 계획할지라도 그의 걸음을 인도하시는 이는 여호와시니라 잠 16:9

인생의 결론은 사람 마음대로 되지 않는다는 것이다. 그런데도 사람들은 마치 결정권이 자기에게 있는 줄로 착각하며 살아간다. 세상일이 내 마음대로 되지 않는다고 열을 내곤 하지만 애굽의 바로만큼이나 어리석은 행동이다.

자신의 힘과 의지를 내려놓고 여호와 앞에 부족한 모습 그대로 나아오는 것이 하나님이 요구하시는 겸비다. 가장 좋은 예가 바로 예수님이시다.

> 나의 원대로 마시옵고 아버지의 원대로 하옵소서 마 26:39

바로는 자신이 왜 그런 요구를 하는지 스스로 밝힌다.

> 바로가 그들에게 이르되 내가 너희와 너희의 어린 아이들을 보내면 여호와가 너희와 함께함과 같으니라 보라 그것이 너희에게는 나쁜 것이니라 출 10:10

당대 최고의 지성인 애굽 왕 바로의 말이다. 그런데 이 말이 도대체 무슨 뜻인지 도저히 알 수가 없다. 자신의 완악함에 사로잡혀 판단력을 잃어버린 사람의 상태가 어떠한지를 알 수 있다. 그는 자신이 무슨 말을 하는지도 몰랐을 것이다. 자기 생각을 말하는 것 같지만 사실은 마귀에게 조종받은 결과다.

> 그렇게 하지 말고 너희 장정만 가서 여호와를 섬기라 이것이 너
> 희가 구하는 바니라 이에 그들이 바로 앞에서 쫓겨나니라 출 10:11

바로가 모세에게 어린아이까지 가는 것은 그들에게 나쁜 것이라며 이스라엘 백성을 염려하듯 말했다. 그러니 어린아이들을 남겨 두고 장정만 가라는 것이다. 속내를 감춘 채 교묘하게 속이니 이것이야말로 영혼의 타협이 아니고 무엇이겠는가?

어떻게 보면 바로의 타협안이 합리적인 것처럼 보일 수 있다. 그는 "너희가 이곳을 떠나 광야로 가려는 이유가 무엇이냐? 하나님을 예배하겠다는 것이 아니더냐?"라고 물으며, "그러니 광야에서 하나님을 섬기거나 예배하지도 못할 어린아이들까지 굳이 데려갈 필요가 있겠느냐, 그냥 두고 가라"고 얼렀다. 어린아이나 여자들은 험한 광야를 감당할 만하지 않으니 남겨두라는 것은 그럴듯한 제안처럼 들린다.

그러나 남겨진 이들을 인질로 잡아두겠다는 꼼수일 뿐이다. 바로의 말대로 어린아이와 여자들을 두고 가는 것이 편할 수 있다. 하지만 모세와 아론은 포기할 줄 몰랐다. 그들도 출애굽의 구원 역사를 함께 이루어야 하기 때문이다. 구원은 이 땅을 사는 모든 사람에게 필요하다.

마귀는 오늘도 "너 하나 잘 믿는 것으로 만족하고, 다른 사람은 그냥 놔두라"고 속삭인다. 광야처럼 고된 믿음의 길을 가려거든 혼

자 가라는 것이다. 풍요로운 애굽에서 노예로 남아 있는 편이 나을 것이라고 유혹한다.

그러나 하나님의 사람이 명심해야 할 것이 있다. 나만 예수 믿고 나만 구원받는 것으로 만족한다면 마귀와 영혼의 타협을 하는 셈이라는 사실이다. 남편이나 아내나 부모나 형제나 철없는 어린 생명까지도 모두가 하나님의 구원에 동참해야 한다. 어리니까 늙었으니까 연약하니까 부족하니까 버려도 되는 영혼은 없다. 세상 것을 다 포기해도 영혼만은 포기할 수 없는 것이 복음적 그리스도인의 영성이다.

"주여, 나를 아는 모든 사람이 구원받게 하소서. 주여, 내가 아는 모든 사람이 구원받게 하소서."

자기 혼자 예수 믿고 구원받는 것을 다행으로 여기는 소극적 태도로는 마귀와의 싸움에서 승리할 수 없다. 언젠가 마귀가 불신자 가족을 이용해 우리 신앙마저 짓밟아 버리려 할 것이기 때문이다. 한 영혼도 포기할 수 없다는 심정으로 전도하는 것이야말로 마귀를 향한 최선의 공격이다. 적극적인 전도는 마귀에게 최고의 영적 공격이다. 하나님이 기뻐하시는 최고의 헌신이다. 전도를 포기하면 너무나 많은 것들을 포기해야 한다.

예수님은 베드로에게 "사탄아, 물러가라"고 꾸짖으셨다. 베드로가 자기도 모르게 마귀에게 마음과 입술을 내주고 말았던 것이다. 마귀에게 자신을 내주고 나면 어느 순간 신앙의 본모습을 잃어

버리고 사명을 제대로 감당하지 못하게 된다.

하나님의 말씀에도 완악함으로 끝까지 버티며 타협하자고 했던 바로에게 메뚜기 재앙의 경고가 현실이 되어 나타났다.

세상이 감당할 수 없는 믿음의 사람

우박 재앙도 대단했지만 여덟 번째 메뚜기 재앙의 위력이 엄청났다.

> 메뚜기가 애굽 온 땅에 이르러 그 사방에 내리매 그 피해가 심하니 이런 메뚜기는 전에도 없었고 후에도 없을 것이라
> 출 10:14

언제부턴가 바로가 애굽의 술사들을 부르지 않았다. 오히려 새로운 재앙이 시작될 때마다 모세와 아론을 불렀다고 성경은 기록한다. 그것도 '급히' 불렀다고 하니, 바로는 모세와 아론에게 해답이 있다고 생각했음이 분명하다. 메뚜기 재앙으로 혼쭐이 난 바로가 모세와 아론을 급히 부르더니 "내가 너희의 하나님 여호와와 너희에게 죄를 지었으니"(출 10:16)라고 말했다.

바라건대 이번만 나의 죄를 용서하고 너희의 하나님 여호와

께 구하여 이 죽음만은 내게서 떠나게 하라 출 10:17

그는 자기 죄를 고백하고 용서를 구하며 모세와 아론에게 기도를 부탁했다. 세상 권력의 상징인 바로가 두려움에 사로잡혀 자신이 가장 우습게 알던 하나님을 섬기는 사람들에게 도움을 요청한 것이다. 그동안 자기가 의지해 온 모든 것이 아무런 도움을 주지 못한다는 사실을 확인했다. 이제야 하나님을 알아가기 시작한 것이다.

바로의 제안에 모세가 넘어갔더라면 그의 입술에서 이런 고백이 나오지 않았을 것이다. 만약에 모세가 바로의 제안을 받아들였다면 마귀가 모세와 이스라엘을 비웃었을 것이다. 그러므로 적당한 선에서 타협하자는 마귀의 꼬임에 넘어가서는 안 된다.

바로의 고백은 교회가 교회로서 바로 설 때 나타나는 역사이자 표적이다. 사회가 위기에 봉착했을 때, 교회가 세상 관원을 찾아가 도움을 요청하는 게 아니라 오히려 세상 관원들이 교회를 찾아와 기도를 부탁하는 것이야말로 교회가 세상에서 역할을 다하는 모습일 것이다.

이러한 역사를 위해 교회와 성도는 영적으로 철저하게 무장해야 한다. 모든 사건 앞에 하나님께 주파수를 맞추고, 하나님께 해답을 구하는 영성이 있어야 한다. 누가 나를 힘들게 해도, 누가 내게 손해를 입혀도 하나님께 보상받으리라는 영성으로 무장하라.

교회가 지극히 영적일 때 세상이 하나님을 두려워하고 교회에 의지할 것이다. 교회가 세상에 도움을 구할 때 도울 힘이 없는 세상은 교회를 우습게 알고 교회도 별수 없다고 업신여긴다. 그러나 교회가 영성을 회복하면 세상은 교회를 절대 무시하지 못한다.

신앙 공동체인 교회는 세상과 달라야 한다. 세상이 알 수 없는 능력이 교회에 있음을 믿어야 한다. 그것은 영적인 능력이며 세상이 도저히 알 수 없는 것이다. 그 능력은 세상이 이해할 수 없는 방법으로 나타난다.

> 3 귀인들을 의지하지 말며 도울 힘이 없는 인생도 의지하지 말지니 4 그의 호흡이 끊어지면 흙으로 돌아가서 그 날에 그의 생각이 소멸하리로다 5 야곱의 하나님을 자기의 도움으로 삼으며 여호와 자기 하나님에게 자기의 소망을 두는 자는 복이 있도다 시 146:3~5

오늘을 살아가는 성도들에게 가장 큰 힘과 능력은 무엇일까? 세상은 복음을 감당하지 못한다. 놀라운 것은 세상이 감당할 수 없던 사람들을 보면 하나같이 강한 사람이 아니었다는 사실이다. 오히려 세상이 죽이면 죽임을 당하고, 때리면 맞던 사람들이었다.

> 36 또 어떤 이들은 조롱과 채찍질뿐 아니라 결박과 옥에 갇히

는 시련도 받았으며 37 돌로 치는 것과 톱으로 켜는 것과 시험과 칼로 죽임을 당하고 양과 염소의 가죽을 입고 유리하여 궁핍과 환난과 학대를 받았으니 38 (이런 사람은 세상이 감당하지 못하느니라) 그들이 광야와 산과 동굴과 토굴에 유리하였느니라 히 11:36-38

다시 시작하라

얼마 전에 목사님 몇 분이 소록도를 방문했던 이야기를 듣고 큰 은혜를 받았다. 다 알다시피 소록도에는 한센병 환자들이 살고 있다. 소록도를 방문한 목사님들을 안내한 사람은 80세가 넘은 전도사님이었다. 그 전도사님이 목사님들에게 들려준 이야기를 그대로 전달하자면 이렇다.

소록도에 온 한센병 환자는 처음에는 자기 인생이 끝났다고 생각했다. 대개 누가 몹쓸 병에 걸렸다고 하면 온 가족이 그를 살려 내겠다고 식음을 전폐하며 돕는다. 그런데 옛날에는 한센병에 걸리면 이야기가 달랐다. 자식이 부모를 버리고, 부모가 자식을 버렸다. 그러니 소록도가 그들에는 인생의 종착지와 다름없었다. 몸에 난 병보다 마음에 생긴 병이 더 아픈 사람들이었다.

하지만 머지않아 그들은 소록도가 인생을 새롭게 열어 주는 곳임을 알게 되었다. 섬에 와서 예수님을 만났기 때문이다. 아무런 조건 없이 받아 주시는 예수님을 만난 것이다. 덕분에 인생의 소망을 다시 품게 되었다. 한센병 때문에 소록도에 왔다가 예수님을 만나서 구원을 받으니 세상에 그런 감사가 없었다.

그런데 그 전도사님의 말에 따르면, 사실 그들을 변화시킨 건 소록도가 아니라 다른 섬이라고 한다. 소록도에서 조금 더 가면 만나는 섬인데, 사람들이 그곳에 다녀오기만 하면 낯빛이 달라진다고 했다. 사람이 달라지는 것이다. 인생 막장으로 여겼던 소록도에서 새 인생의 첫 장을 쓰게 되는 것이다.

그 섬의 이름은 '지라도'다.

"소록도에 사는 우리 성도들은 누구 하나 빠지지 않고 다 그 섬에 다녀왔습니다. 목사님들께서 바쁜 시간을 내어 여기까지 오셨으니 오늘 그 섬, 지라도에 한번 가 보시지 않겠습니까?"

나이 든 전도사님이 청하자 호기심에 찬 목사님 일행이 모두 지라도에 가기로 하고, 그곳 위치를 물었다. 그러자 전도사님이 그 섬의 주소를 또박또박 불러 주었다.

"구약성경 하박국 3장 17~18절."

> [17] 비록 무화과나무가 무성하지 못하며 포도나무에 열매가 없으며 감람나무에 소출이 없으며 밭에 먹을 것이 없으며 우리에 양이 없으며 외양간에 소가 없을지라도 [18] 나는 여호와로 말미암아 즐거워하며 나의 구원의 하나님으로 말미암아 기뻐

하리로다 합 3:17~18

"지라도에 한번 다녀온 사람은 더는 세상에 무서울 것이 없습니다. 몸에 병이 있고 없고는 아무런 문제가 되지 않습니다. 먹을 것이 있거나 없거나, 입을 것이 많거나 적거나 아무 상관 없습니다. 지라도에 다녀오기만 하면 변하니까요."

세상의 끝이라고 여겨졌던 소록도, 그 너머에 지라도가 있다. 소록도는 인간이 갈 수 있는 마지막 섬이지만, 지라도는 하나님이 새로운 출발점으로 주신 섬이다. 그 섬에 다녀온 사람은 누구나 새 인생을 시작했다.

사업이 어려울지라도, 암에 걸렸을지라도, 자식 때문에 아픔이 있을지라도, 모든 것이 내 마음대로 되지 않을지라도 세상을 향해 이렇게 외쳐 보라.

"세상아, 너는 나를 마음대로 할 수 없을 것이다. 왜냐하면 나는 오직 여호와로 말미암아 즐거워하며 구원의 하나님으로 말미암아 기뻐할 테니까."

아홉 번째 재앙 출애굽기 10:21~29

흑암,
구원의 빛으로 나아오라

아홉 번째, 흑암 재앙은 예고 없이 임했다. 하나님의 말씀에 순종하여 모세가 손을 들자 애굽 온 땅이 3일 동안 흑암에 묻혔다. 아무것도 할 수 없는 암흑 세상이 되었다. 흑암 재앙을 통해 하나님은 무엇을 계시하려고 하셨을까?

흑암 재앙은 단순히 밤이 계속되는 정도가 아니었다. 사실 밤의 어두움은 불편하긴 하지만, 익숙해지면 그럭저럭 지낼 만하다.

요즘 사람들은 밤에도 환한 전깃불 밑에서 생활하다 보니 빛의 소중함을 잘 모를 것이다. 하지만 불과 100년 전만 해도 사람들은 전깃불 없이 살았다. 상상해 보라. 그때 사람들은 등잔불 하나로 밤을 밝혔다. 그나마도 기름을 아껴야 했기에 오래 켜 놓을 수 없었다. 등잔불마저 꺼지면 세상은 그야말로 칠흑 같은 어둠에 묻히곤 했다. 옛날 사람들은 그 어둠 속에서도 할 일은 다 하고 살았다. 하나님이 지으신 사람의 눈은 적응력이 뛰어나서 어두우면 어두운 대로 제 기능을 다 하기 때문이다.

> 21 여호와께서 모세에게 이르시되 하늘을 향하여 네 손을 내밀어 애굽 땅 위에 흑암이 있게 하라 곧 더듬을 만한 흑암이리라 22 모세가 하늘을 향하여 손을 내밀매 캄캄한 흑암이 삼일 동안 애굽 온 땅에 있어서 출 10:21~22

애굽에 내린 흑암은 어느 정도였을까? 당시 흑암에 대해 성경은 "더듬을 만한 흑암"이었다고 기록한다. 눈이 있어도 소용없었다는 뜻이다. 손으로 더듬어야 할 만큼 아무것도 보이지 않은 칠흑 같은 어둠이었다. 자그마치 3일 동안 어둠이 계속되었으니 애굽 사람들이 느낀 공포가 어마어마했을 것이다.

낮이 되어도 태양 빛이 아무런 역할도 하지 못하는 어둠이 상식적으로 가능한 일인가? 빛이 비치면 어둠이 물러간다는 것은 과학 상식이다. 그런데 흑암 재앙은 과학으로도 상식으로도 설명할 수 없는 어둠이었다. 태양 빛이 힘을 발휘하지 못하는 이 어둠의 재앙 앞에서 무엇을 할 수 있겠는가? 세상 권력을 다 거머쥔 애굽 왕일지라도 속절없이 당할 수밖에 없었을 것이다.

장자에게 임할 죽음의 그늘

흑암 재앙에는 종말론적 시각에서 해석할 수 있는 계시가 담겨 있다. 이 재앙은 마지막 열 번째 재앙을 앞둔 시점에서 내려졌다. 바로 이 점에 주목해야 한다. 처음 난 것, 곧 장자에게 임할 죽음의 그늘을 암시하는 흑암이 온 애굽에 덮은 것이다.

3일 동안 아무것도 볼 수 없고, 아무것도 할 수 없다. 흑암 재앙 앞에서는 애굽의 화려한 선진 문물이나 막강한 군사력이 아무 소용없다. 모든 것이 암흑 속에 묻히니 무엇을 보며 무엇을 자랑할 수 있겠는가?

우리도 머지않아 영원한 흑암을 맞이하게 될 것이다. 주님이 다시 오시는 날이 바로 그날이다. 그날에 세상은 영원한 어둠 속에 갇히게 된다. 그날에는 세상의 어떤 빛도 제 역할을 할 수 없다. 자연의 빛이든 인공의 빛이든 상관없이 무용지물이 된다. 그렇지만 벌써부터 겁낼 필요는 없다. 그날은 마귀에게 속한 사람들에게나 두려운 종말이기 때문이다. 그리스도 안에 있는 사람들에게는 소망의 날이요 기다림의 날이다.

종말에는 두 가지가 있다. 하나는 집단적인 종말이고, 다른 하나는 개인적인 종말이다. 집단적인 종말은 앞서 말했듯이 주님이 다시 오시는 날이다. 주님이 재림하시는 날이 언제일지 아무도 모르지만 우리는 그날을 반드시 맞이할 것이다. 주님의 재림이 곧 지구의 종말이라며 세상에 두려움을 심어 주는 사람들이 있는데, 집단적 종말이 다가온다고 해서 지나치게 두려워할 필요는 없다. 우리는 집단적인 종말을 준비하되 두려워하지는 말자. 그날은 예수님이 다시 오시는 날이니 믿는 성도들에게는 예수님을 뵙는 소망이 이루어지는 날이다. 우리는 오히려 소망으로 그날을 기다려야 한다.

개인적인 종말은 죽음이라는 과정을 통해 개인들이 맞이하는 구원을 가리킨다. 그러므로 신앙인으로서 관심을 가져야 할 부분은 바로 개인적인 종말이다. 우리는 흑암 재앙을 통해 개인적으로 경험하게 될 종말의 계시를 알 수 있다.

> 그 동안은 사람들이 서로 볼 수 없으며 자기 처소에서 일어나는 자가 없으되 온 이스라엘 자손들이 거주하는 곳에는 빛이 있었더라 출 10:23

성경은 흑암 재앙이 내리자 '옆 사람을 볼 수도 없고, 자리에서 일어나는 자도 없었다'고 말한다. 어쩌면 일어날 필요가 없었는지도 모른다. 일어난다고 해도 할 수 있는 것이 아무것도 없었기 때문이다. 바로 옆에 있는 사람도 볼 수 없는데 무슨 일을 할 수 있었겠는가.

세상에 영원히 사는 사람은 없다. 어느 순간 인생은 세상에 온 순서와 관계없이 각자의 흑암을 맞이하게 된다. 장례식장에 조문객으로 방문하는 게 아니라 조문객을 맞이해야 하는 처지가 될 날이 온다. 당신의 장례식이지만 당신이 주인공이 아니다. 망자를 위해 사람들이 조문 와서 당신에 관한 이야기를 나누는데 정작 당신은 자신이 죽었다는 사실조차 모르고 있다. 반가운 사람들이 찾아와 말을 걸어도 당신은 그들과 인사를 나눌 수도 없고, 정답게 이야기를 나눌 수도 없다.

죽음은 누구에게나 예외 없이 찾아오는 일이다. 역사상 수많은 사람이 자연의 순리에 따라 이 흑암을 맞이했다. 최고 권력자도, 최고 재력가도, 최고 석학도, 최고 예술가도 누구나 마지막을 홀로 맞이했다.

인생에서 뒤늦게 깨닫는 것이 있다면 각자에게 주어진 시간이 많지 않다는 사실이다. 아직 많이 남아 있는 것 같겠지만 인간에게 주어진 시간은 그리 길지 않다. '좀 더 자자, 좀 더 졸자' 하고 게으름 피울 시간이 없다. 그리스도인이라면 더더욱 시간을 아낄 줄 알아야 한다. 바울 사도가 말하지 않았던가.

세월을 아끼라 때가 악하니라 엡 5:16

어두운 삶의 현장에 참 빛이 계시다

온 애굽이 흑암에 묻혀 있는 동안 이스라엘 자손들이 거주하는 곳에는 빛이 있었다. 하나님은 아홉 번째 재앙에서 애굽과 이스라엘을, 흑암과 빛을 대비하고 계심을 알 수 있다. 애굽은 흑암이요 이스라엘은 빛으로 갈렸다.

이것은 단순히 낮과 밤을 구분 짓는 빛과 어둠 이야기가 아니다. 같은 날, 같은 시간에 빛과 어둠이 공존했다는 것이다. 빛과 어둠의 공존은 과학으로 어떻게 설명할 수 있을까?

아홉 번째 재앙으로 내린 흑암은 빛으로 옮겨 갈 수 있는 성질의 것이 아니었다. 애굽에 속한 사람들이 이스라엘 사람들이 사는 곳에 빛이 있음을 알아도 함부로 옮겨 갈 수 없었다.

시편 말씀을 읽으면 당시 상황을 짐작할 수 있다.

> 그의 맹렬한 노여움과 진노와 분노와 고난 곧 재앙의 천사들을 그들에게 내려보내셨으며 시 78:49

하나님이 흑암과 함께 수많은 악령을 내려보내셨던 것이다. 악령이 어둠 속을 배회하도록 하셨다. 어떤 번역본은 "일단의 파멸시키는 악한 천사들을 보내셨다"고 적고 있다. 즉 흑암 재앙은 단순한 어둠이 아니라 죽음이 드리워진 영적 암흑을 상징한다.

그렇다면 이스라엘 자손과 함께한 빛은 무엇일까? 그 빛은 우리가 흔히 보는 자연의 빛이 아니었다. 심지어 인간이 상상할 수 있는 종류의 빛도 아니었다. 그러나 그 빛은 이미 인간의 역사 가운데 있었다. 바로 천지창조 때 있었던 빛이다.

> ³ 하나님이 이르시되 빛이 있으라 하시니 빛이 있었고 ⁴ 빛이 하나님이 보시기에 좋았더라 하나님이 빛과 어둠을 나누사
> 창 1:3~4

하나님이 인간을 창조하셨을 때는 이미 빛이 있었다. 하나님이 "빛이 있으라" 말씀하셔서 생긴 빛이다. 이것은 태양 빛과는 다르다. 왜냐하면 해와 달과 별의 창조가 넷째 날에야 있었기 때문이다.

그러면 첫째 날에 창조된 빛은 어떤 빛인가? 그것은 과학적으로 설명할 수 없는 하나님의 빛이었다. 하나님이 "빛이 있으라" 하시니 빛이 있었다. 빛과 어둠을 나누셨는데, 빛을 보시기에 좋다고 말씀하셨다.

하나님이 보시기에 좋았던 것이 빛이라면 어둠은 하나님의 아픔이라고 할 수 있다. 하나님의 빛이 있자 '혼돈과 공허와 흑암'이 물러가고 새 창조의 역사가 일어났다. 인간이 이해하기 힘든 하나

님의 빛이요 어둠이다.

그 빛이 또 한 번 인간 역사를 비추었으니, 곧 육신을 입고 오신 예수 그리스도이시다. 빛으로 오신 예수 그리스도에 대해 요한 사도는 이렇게 증거했다.

> 참 빛 곧 세상에 와서 각 사람에게 비추는 빛이 있었나니
> 요 1:9

> 4 그 안에 생명이 있었으니 이 생명은 사람들의 빛이라 5 빛이 어둠에 비치되 어둠이 깨닫지 못하더라 요 1:4~5

죄와 사망이 드리워진 어둠의 세상에 참 빛 예수 그리스도가 오신 것이다. 빛과 어둠의 기준은 오직 예수 그리스도이시다. 생명의 빛 되신 예수 그리스도 안에는 생명, 곧 구원이 있으니 "하나님이 보시기에 좋았더라"라는 의미가 담겨 있다. 예수 그리스도 밖에 있으면 어둠이다. 이것은 곧 사망이요 하나님의 아픔을 상징한다.

> 10 그가 세상에 계셨으며 세상은 그로 말미암아 지은 바 되었으되 세상이 그를 알지 못하였고 11 자기 땅에 오매 자기 백성이 영접하지 아니하였으나 12 영접하는 자 곧 그 이름을 믿는 자들에게는 하나님의 자녀가 되는 권세를 주셨으니 요 1:10~12

참 빛 되신 예수 그리스도를 영접하여 하나님의 자녀가 되었으니 "보시기에 좋았더라"고 하신 것이다. 그러므로 오늘을 사는 우리 삶에도 하나님의 영광의 빛이 늘 함께하길 바란다. 또한 삶의 터전에도 어둠이 아닌 빛이 늘 함께하길 바란다.

흑암 재앙이 애굽에 내려졌을 때 이스라엘 자손들이 거주하는 곳에는 빛이 있었다. 성경은 하나님이 흑암 재앙으로 이스라엘 백성과 애굽 사람들을 구별하실 때 고센이라고 하지 않고 이스라엘이라고 쓰고 있다. 지금까지 애굽에 재앙이 임할 때 고센 땅에만 은혜를 베푸셨다.

그런데 흑암 재앙부터는 지역적으로 구별하는 대신에 이스라엘로 부르심으로써 민족으로 구별하셨다. 하나님의 구원의 빛은 지역적인 구분을 통해 비친 것이 아니었다는 뜻이다. 당시 이스라엘 백성과 애굽 사람들이 지역적으로 완전히 분리되어 살았던 게 아니기 때문이다. 적은 수라도 어느 정도 섞여 살았을 것이다. 애굽 사람의 집에서 종으로 살던 이스라엘 백성도 있었기 때문이다. 흑암 재앙 때 이스라엘을 비추었던 빛은 고센이 아니라 이스라엘 백성을 비춘 것이었다.

영적으로 어두워진 세대에 주님이 말씀하신다.

이르되 주 예수를 믿으라 그리하면 너와 네 집이 구원을 받으리라 하고 행 16:31

하나님은 당신의 백성이 어디에 있든지 한 사람도 빠짐없이 찾아내신다. 그리하여 마지막 때에 구원의 빛이 함께하도록 하실 것이다. 참 빛 되신 예수 그리스도가 이 땅에 다시 오시는 날은 아무도 그때를 알 수 없다. 하늘의 천사라도 그날을 알지 못한다고 했다. 그러므로 때와 장소에 매여 있는 종말 신앙은 거짓이다.

그날은 아무도 모르게 온다고 하셨으니 우리는 사는 동안에 영적으로 깨어 있으면 된다. 삶의 현장에서 열심히 살면 그곳에 빛이 임하게 될 것이다.

우리 그리스도인은 어둠의 권세에서 벗어나야 한다. 어둠에 매여 있는 것은 그리스도인의 모습이 아니다. 당장 빛으로 나와야 한다. 지금 당신이 있는 삶의 현장은 어떤 곳인가? 지금 있는 그곳을 영적으로 채워 보라. 주님의 임재를 가깝게 느끼게 될 것이다.

헌신 없는 그리스도인이 되라는 유혹

흑암 재앙에 놀란 바로는 모세를 불러 마지막 타협안을 제시했다. 마귀는 영적 전쟁에서 전세가 불리해지면 늘 타협안을 들고 나왔다. 한 번, 두 번, 타협에 거듭 실패했다고 해서 그냥 물러서지 않았다. 주님이 재림하시는 날까지 마귀는 쉬지 않고 우리를 유혹하고 여차하면 타협하자고 들 것이다.

예수님이 "다 이루었다"고 하셨음에도 불구하고 속이는 자인 마귀는 절대로 포기하지 않았다. 때로 마귀는 우는 사자 같이 두루 다니며 믿는 자들에게 두려움을 주고, 불리해지면 타협하자고 졸라 댄다. 먹음직도 하고 보암직도 하고 지혜롭게 할 만큼 탐스러워 보이는 것으로 유혹하는 것이 마귀의 장기다. 하지만 마귀는 영원할 수 없으니 그 끝이 분명히 있다.

바로가 마지막으로 제시한 타협안의 내용은 무엇인가?

> 바로가 모세를 불러서 이르되 너희는 가서 여호와를 섬기되 너희의 양과 소는 머물러 두고 너희 어린 것들은 너희와 함께 갈지니라 출 10:24

바로는 출애굽을 요구하는 모세에게 어린아이들과 여자들도 모두 데리고 가서 함께 여호와를 섬기고 예배하라고 했다. 그러나 이번에도 단서를 붙였다. '양과 소는 놔두고 몸만 가라'는 것이다. 이것이 바로가 내민 네 번째이자 마지막 타협안이었다. 그가 제시한 내용은 단순히 재산 이야기만은 아니다. 마귀의 간교한 계략이 숨어 있었다. 모세의 답변을 통해 바로의 타협안을 거절해야 하는 이유를 알아보자.

> 우리의 가축도 우리와 함께 가고 한 마리도 남길 수 없으니 이는 우리가 그 중에서 가져다가 우리 하나님 여호와를 섬길

것임이며 또 우리가 거기에 이르기까지는 어떤 것으로 여호와를 섬길는지 알지 못함이니이다 하나 출 10:26

양과 소를 반드시 데려가야 하는 이유는 하나님께 번제물로 드려야 하기 때문이다. 게다가 한 마리도 포기할 수 없는데, 왜냐하면 하나님이 어떤 것으로 제물을 받으실지 예측할 수 없기 때문이다.

바로의 타협안에 숨은 마귀의 계략은 무엇일까? 바로 '헌신의 타협'이다. 마귀는 양과 소를 하나님께 제물로 드리지 못하도록 방해하고 있다. 하나님을 섬길 재물을 주지 않음으로써 축복을 빼앗겠다는 뜻이다. 하늘을 소망하되 하늘에 쌓아 둔 것이 없는 빈껍데기 신앙인으로 만들어 버리려는 계략이다.

오늘날에도 마귀의 계략은 계속되고 있다. 마귀는 성도에게 교회에 가서 예배드리라고 한다. 이미 택함 받은 성도이니 하나님을 믿으라고 한다. 교회에 가서 구원받고, 은혜도 받고, 봉사도 하라고 한다. 그러나 "물질은 두고 가라"고 하니 물질 헌신만큼은 하지 말라는 뜻이다.

마지막 때에 마귀는 성도들로 하여금 재물 욕심 앞에 무너지도록 유도한다. 헌신 없는 그리스도인으로 전락시키려는 것이다. 물질 시험은 마귀가 주는 마지막 시험이다. 다른 헌신은 다 하되 물질 헌신은 하지 않아도 된다고 유혹한다. 헌신을 헌신이 아니게 만드는 것이다. 물질 헌신을 하지 않아도 되는 것으로 믿게 만들어서 축복을 빼앗고 천국의 상급마저 빼앗아 버린다.

근래 많은 그리스도인이 물질 때문에 복음의 감격을 놓아 버린다. 돈 문제로 인해 신앙의 성장이 멈추는 일이 너무 많다. 평소에 타에 모범이 될 만큼 신실하여 교회 일에 늘 앞장서 순종하고 봉사하던 성도가 돈 문제만 만나면 인색해지는 모습을 종종 본다.

> 네 보물 있는 그 곳에는 네 마음도 있느니라 마 6:21

마귀는 우리를 물질도 드리지 못하는 신앙인으로 만들려고 든다. 믿음 생활을 같이하는 성도 간에 물질 때문에 상처받았다고 말하게 하고, 교회가 헌금을 너무 강조한다는 느낌이 들게 한다. 주님을 믿는다고 하면서도 삶의 우선순위는 매번 물질 앞에 믿음을 양보하게 한다. 믿음이 바로 서지 못하고, 물질 헌신 앞에 무기력하게 무너지고 만다.

그러므로 아무리 믿음이 좋은 사람이라도 물질 문제에 부딪혔을 때 어떻게 하는지를 보면 그 믿음이 참된지를 알 수 있다. 돈 문제에 얽혀 봐야 그 사람이 어떤 사람인가를 알 수 있는 것이다. 감리교회의 창시자인 존 웨슬리가 "지갑이 회개해야 진짜 회개"라고 하지 않았던가.

> 한 사람이 두 주인을 섬기지 못할 것이니 혹 이를 미워하고

저를 사랑하거나 혹 이를 중히 여기고 저를 경히 여김이라 너희가 하나님과 재물을 겸하여 섬기지 못하느니라 마 6:24

하나님의 장자로서 살아가기

주님을 믿는 믿음을 무너뜨릴 수 있는 것이 재물이라고 한다. 물질 앞에 한 번 타협해 버리면 10년, 20년이 지나도 그 신앙은 더 성장하지 못하고 멈춰 버린다. 모세는 바로에게 양과 소를 한 마리도 포기하지 않겠다고 말했다. 재물에 욕심이 있어서가 아니었다. 하나님께 드릴 번제물을 지키기 위해서였다.

이스라엘 백성은 가나안으로 가는 여정에서 광야를 거쳐야 했다. 광야에서 먹고사는 문제를 걱정한다면 사실 양과 소는 필요 없었다. 하나님이 그들에게 은혜의 만나를 내려 주실 것이기 때문이다. 또 때가 되면 메추라기를 보내고, 반석에서 샘물이 솟아나게 하실 것이다. 이스라엘 백성의 옷과 신발이 해지지도 않을 것이다.

"하나님께 드릴 양과 소를 포기할 수 없다. 모두 데리고 가겠다"며 모세가 바로와 대립하는 모습을 보면 그리스도인이 세상에서 돈을 벌어야 할 이유가 분명해진다. 단순히 더 잘 살기 위해서가 아니다. 세상에 나가 힘들게 번 돈을 어떻게 쓰는가? 돈은 아무리 많이 벌어도 죽을 때 갖고 가지 못한다. 그러므로 그리스도인이라면 이런 생각을 가져야 한다.

'내 돈, 내 시간, 내 달란트를 하나님이 쓰시도록 하자!'

부모는 자식을 위해 돈을 번다고 말한다. 자식을 위해서라면 아낌없이 돈을 쓴다. 심지어 부모가 번 돈을 자식이 가져다 쓰는 것을 좋아한다. 그러나 그렇게 하면 자칫 자녀를 그르칠 수 있다. 자식이 부모의 돈을 가져다 쓰게 하기보다 그 반대로 해야 한다. 자식이 돈을 벌어서 부모에게 가져다주게 해야 한다. 부모가 자녀를 생각하는 만큼, 자녀도 부모를 생각해야 한다. 그렇게 되려면 먼저 복음을 받아 하나님을 섬기고, 부모를 섬기게 해야 한다.

여기서 더 나아가 내가 번 돈을 하나님이 쓰시도록 하면 얼마나 좋을까? 내 돈이 하나님 일에 쓰이는 것은 큰 축복이다. 하나님 앞에 물질을 드리며 살아간다는 것, 이보다 더 큰 축복은 없다. 우리는 가진 것을 어떻게 사용해야 하는가? 둘 중 하나다. 하나님께 드리든지 아니면 세상에 바치든지….

훗날 돌아보면 주님을 위해 살아온 시간밖에는 남지 않음을 알게 될 것이다. 그러므로 마귀에게 묶인 말뚝이 아직 있다면 그것을 뽑아 버려야 한다. 하나님께 헌신하는 삶을 살지 못하도록 방해하는 줄이 있다면 그것도 과감히 끊어 버려야 한다. 주님 앞에 헌신하지 못하도록 하는 것들은 모두 뽑아 버리고 끊어 버려야 한다. 물질이 우상이 되도록 유혹하는 마귀의 속임수를 성령의 능력으로 소멸하라.

우리가 사는 이유도, 울어야 하는 이유도, 소망을 향해 달려가야 하는 이유도 오직 예수 그리스도 안에 있다. 우리 삶의 목표는 오직 하나님 앞에 헌신하는 하나님의 아들, 하나님의 장자로 살아가는 것이기 때문이다.

"주여, 나를, 내 삶을 세상이 빼앗아 가지 않게 하소서.

오직 하나님 앞에 드리며 헌신하는 삶을 살게 하소서."

Part **4**

가나안으로
인도하시는 하나님

열 번째 재앙 출애굽기 11:1~8

장자의 죽음,
끝이자 시작

　출애굽의 구원 역사를 다 이루기까지 하나님은 애굽에 열 가지 재앙을 차례로 내리셨다. 재앙이 하나씩 진행되는 가운데, 바로와의 길고도 길었던 싸움은 이제 막바지로 접어들었다. 마지막 열 번째 재앙이 예고된 것이다. 사람뿐 아니라 모든 생물의 처음 난 것이 죽임을 당할 것이다. 바로의 장자를 비롯해 애굽에 속한 모든 사람의 장자가 죽임을 당할 것이다.

마지막 재앙이 내리면 바로는 그제야 손을 들고 이스라엘 백성을 보낼 것이다. 장자의 죽음이라는 열 번째 재앙이 다른 것들보다 더 심해서 바로가 항복하는 것은 아니다.

하나님은 마지막 재앙으로 장자의 죽음을 정하셨다. 여기에 큰 계시가 담겨 있다.

> 여호와께서 모세에게 이르시기를 내가 이제 한 가지 재앙을 바로와 애굽에 내린 후에야 그가 너희를 여기서 내보내리라 그가 너희를 내보낼 때에는 여기서 반드시 다 쫓아내리니 출 11:1

계속되는 재앙에 시달리면서도 하나님의 뜻을 거절하거나 타협안을 제시하며 이스라엘 백성을 보내기 싫어했던 바로가 이제 그들을 내보내는 정도가 아니라 쫓아낼 것이다. 열 번째 재앙이 있고 난 뒤에야 이스라엘 백성을 붙잡아 둘 수 없다는 것과 하나님과 대항하여 싸우는 것이 얼마나 어리석은 일인지 경험으로 알게 되는 것이다. 하나님이 계획하고 이루시는 일을 사람이 거역할 수 없음을 깨닫게 되는 것이다.

> 만군의 여호와께서 경영하셨은즉 누가 능히 그것을 폐하며 그의 손을 펴셨은즉 누가 능히 그것을 돌이키랴 사 14:27

최고 권력자도, 최고 재력가도, 최고 능력자도 하나님이 하고자 하시는 일을 막을 수 없다. 이것을 깨닫기까지 바로는 참으로 큰 대가를 치렀다. 그는 이스라엘 백성을 애굽의 소유로 여겼다. 그들을 노예로 마음껏 부려도 되는 줄 알았다.

그런 바로에게 하나님의 음성이 들렸다.

"이스라엘은 내 아들, 내 장자라. 내 백성을 보내라. 그들이 나를 섬길 것이니라."

하나님은 당신의 백성을 바로가 멋대로 학대하지 못하도록 으름장을 놓으셨다. 또한 그들이 섬겨야 할 대상은 바로가 아니라 여호와 하나님이라고 주장하셨다. 그러니 바로는 하나님의 백성을 마땅히 보내 주어야 한다. 그러나 바로는 하나님의 경고를 듣고도 무시하거나 거절해 왔다.

처음에 바로는 여호와가 도대체 누구냐고 언성을 높였다. 430년 동안 이스라엘을 노예로 부려 온 그의 관점에서 보면 기가 막힌 일이었을 것이다. 어쩌면 거절하는 것이 당연했는지도 모른다. 바로는 자신의 막강한 권력 앞에 하나님도 어쩔 수 없을 것이라고 착각했다.

거듭되는 재앙에도 불구하고 바로는 자신의 완악한 마음을 버리지 않았다. 여호와 하나님과 싸워 이길 수 있다고 믿은 것이다. 그러나 그가 아무리 고집을 피워도 이스라엘은 처음부터 하나님의 소유요 하나님의 아들이었다.

내 안에도 어리석은 바로가 있다

우리 안에도 바로와 같은 어리석은 모습이 있다. 내가 가진 것이 원래부터 내 것인 줄 알고 소유권을 주장한다. 지금 내게 있으니 영원히 내 것일 것이라고 생각한다. 자기가 주인이니 자기 마음대로 해도 되는 줄 안다.

그러나 어느 날, 바로에게 들렸던 하나님의 요구가 우리에게도 들릴 것이다. 내 것으로 생각했던 재능, 시간, 물질, 건강까지 하나님이 소유권을 주장하시는 것이다. 내가 가진 모든 것은 내 삶의 주인이신 하나님의 소유임을 인정해야 한다. 내가 내 삶의 주인이 아니라는 사실을 깨닫는 데까지는 꽤 많은 시간이 걸린다.

나이를 먹어 가면서 깨닫는 것이 있다. 모든 것을 잃고 난 뒤에야 비로소 '내가 소유한 것이 내 것이 아니었구나', '내 것이라고 해서 내 마음대로 할 수 있는 것이 아니었구나' 하고 깨닫는 것이다. 그런데도 끝까지 자기 것으로 주장하고 싶어 하는 마음이 누구에게나 있다.

하나님의 것을 하나님께 드리는 것이 마땅한데도, 내 것을 조금 양보하여 하나님께 드린다고 착각한다. 내 안에 이런 '어리석은 바로'가 있다. 다른 사람이 문제가 아니다. 우선 자기 자신에게 속지 말아야 한다. 내가 가진 모든 것을 내 마음대로 할 수 있다는 착각을 내려놓아야 한다. 우리는 이렇게 하나님의 주권을 인정하다가도 종종 바로와 같은 생각이 불현듯 일어나 '내 것을 내 것'이라고 끝까지 주장하며 하나님께 도전하기도 한다.

'바쁜 시대에 주일을 꼭 지켜야 하나? 피곤한 중에 예배도 겨우 드리는데 봉사를 꼭 해야 하나? 먹고살기 힘든 세상인데 십일조를 꼭 해야 하나? 구약의 율법이 폐기되었다고 하면서 왜 십일조는 계속 드려야 하나?'

십일조를 드려야 하는 이유를 성경적으로 조명해 보라고 하면서 세상 논리로 따지는 사람이 있다. 그러나 하나님의 것을 내 것으로 주장하고 싶은 욕심이 들어오는 순간, 하나님의 말씀은 인간의 욕심 앞에 난도질당한다.

목사로서 나는 그런 주장을 펴는 사람들에게 묻고 싶다.

"당신은 하나님을 정말 믿는가? 하나님이 우리를 구원하신 목적이 천국임을 정말로 믿는가? 너희 보물을 하늘에 쌓아 두라 하셨는데, 당신은 하늘을 삶의 목적으로 삼고 있는가?"

만약 이 질문에 답하지 못한다면 하나님을 알기는 해도 믿는 것은 아니다. 교회에 속한 종교인은 될지 몰라도 진정한 그리스도인은 아닌 것이다.

그들에게 또 하나 묻고 싶다.

"당신을 위해 십자가에 못 박혀 죽으신 예수 그리스도를 사랑하는가?"

예수님을 진심으로 사랑한다면 십 분의 일이 무슨 문제겠는가. 진정으로 사랑하면 아무리 줘도 아까운 줄 모르고 오히려 더 주고 싶어진다. 진짜 사랑을 하면 내 것이 네 것이고, 네 것이 내 것이 되는 것 아닌가. 하지만 사랑이 없으면 내 것은 내 것이요, 네 것도 내 것이 된다. 모두 내 것이면 좋겠다고 한다.

십일조를 안 해도 된다며 논리적으로 주장하는 이들에게 나는 "하나님은 억지로 하는 것을 기뻐하지 않으시니 하지 말라"고 말한다. 한 번 그렇게 부정적으로 마음을 빼앗기면 어떤 말을 해도 설득이 되지 않기 때문이다.

그렇다면 십일조를 하고, 하지 말아야 하는 기준이 어디에 있는가? 신약성경에 따라 십일조를 하지 않아도 된다고 말하는 사람들이 있는데, 정말 그들이 말씀대로 살기 위해서 그런 말을 하는 건지 묻고 싶다.

신약성경을 보라. 진짜 은혜를 받은 사람들은 십 분의 일 정도가 아니라 자기 전 재산을 팔아서 내놓았다. 은혜 안에서 하나님의 사랑을 느끼는 순간, '내 것이 내 것이 아님'을 알게 되기 때문이다.

마태복음 22장을 보면, 예수님을 시험하여 올무에 걸리게 하기 위한 바리새인들의 말장난이 나온다. 그들은 하나님 나라를 말씀하시는 예수님께 와서 물었다.

"가이사에게 세금을 바치는 것이 옳으니이까 옳지 아니하니이까?"

그러자 예수님이 그들의 악한 의도를 아시고 대답하셨다.

> ¹⁹ 세금 낼 돈을 내게 보이라 하시니 데나리온 하나를 가져왔
> 거늘 ²⁰ 예수께서 말씀하시되 이 형상과 이 글이 누구의 것이
> 냐 ²¹ 이르되 가이사의 것이니이다 이에 이르시되 그런즉 가
> 이사의 것은 가이사에게, 하나님의 것은 하나님께 바치라 하
> 시니 ²² 그들이 이 말씀을 듣고 놀랍게 여겨 예수를 떠나가니
> 라 마 22:19~22

사람들 안에 있는 바로의 죄성이 '내 것을 내 것'이라 하며 하나님 앞에 드리기 싫어하게끔 한다. 내가 쓸 것도 부족한데 어떻게 하나님께 의무적으로 드리느냐고 반문한다. 그 기준이 어디에 있는가? 우리가 구원을 억지로 받은 것이 아닌데, 십일조를 억지로 해서야 되겠는가.

물질이란 손에 들면 보이는 것이다. 그것을 손에 들고 "이것은 하나님의 것이다" 하고 고백해 보라. 자기 삶이 하나님의 것임을 안다면 그것이 축복이다. 하나님이 우리에게 무엇을 요구하신다면 그것은 주님이 필요해서가 아니라 우리에게 복을 주시기 위함이다.

하나님을 사랑하는가? 복음을 품고 살아간 바울도 자신 안에 있는 '애굽 왕 바로와 같은 생각'으로 인해 갈등할 때가 있었다.

> ²¹ 그러므로 내가 한 법을 깨달았노니 곧 선을 행하기 원하는

> 나에게 악이 함께 있는 것이로다 ²² 내 속사람으로는 하나님
> 의 법을 즐거워하되 ²³ 내 지체 속에서 한 다른 법이 내 마음
> 의 법과 싸워 내 지체 속에 있는 죄의 법으로 나를 사로잡는
> 것을 보는도다 ²⁴ 오호라 나는 곤고한 사람이로다 이 사망의
> 몸에서 누가 나를 건져내랴 롬 7:21~24

바울은 갈등 가운데서 자신을 이겨 내기 위해 어떻게 고백했는가.

> 형제들아 내가 그리스도 예수 우리 주 안에서 가진 바 너희
> 에 대한 나의 자랑을 두고 단언하노니 나는 날마다 죽노라
> 고전 15:31

모든 사람 안에 바로가 있을 수 있다. 우리는 내 속의 바로를 굴복시켜야 한다. 자신을 세상의 소유가 아닌 하나님의 소유로 알고 살아가는 것이 축복이다. 모든 것에서 자기를 내려놓을 수 있다면 보이지 않는 축복을 만날 수 있다.

내 백성을 내가 찾아가리라

하나님은 지금까지 바로에게 재앙을 경고하실 때 모세와 아론

을 보내셨다. 그런데 마지막 재앙을 경고하실 때는 그들만 보내시지 않았다.

> 모세가 바로에게 이르되 여호와께서 이와 같이 말씀하시기를 밤중에 내가 애굽 가운데로 들어가리니 출 11:4

생명의 주관자이신 하나님이 직접 애굽의 바로를 찾아가셨다. 이번에는 단순한 재앙이 아니기 때문이다. 생명이 달린 문제이므로 하나님이 직접 찾아가셨다. 하나님은 생명의 문제만큼은 마귀에게도, 바로에게도, 모세에게도 맡기지 않으신다. 오직 생명은 하나님께 속한 것이기 때문이다.

생명의 주관자 하나님이 애굽에 들어가심으로써 어떤 재앙이 임하는가?

> 5 애굽 땅에 있는 모든 처음 난 것은 왕위에 앉아 있는 바로의 장자로부터 맷돌 뒤에 있는 몸종의 장자와 모든 가축의 처음 난 것까지 죽으리니 6 애굽 온 땅에 전무후무한 큰 부르짖음이 있으리라 출 11:5~6

드디어 마지막 재앙의 경고가 임하자 이스라엘은 스스로 결단한다.

"애굽을 떠나자. 애굽을 떠나 가나안으로 가자. 아무 준비도 안 되어 있지만, 가는 길이 험할지도 모르지만 하나님이 약속하신 그 땅으로 가자."

열 번째 재앙이 이스라엘에는 새로운 시작이 되었다. 구원자 하나님은 이날을 기다리셨다. 구원을 억지로 주시는 분이 아니시기 때문이다. 이스라엘이 자기 정체성을 깨닫고, 자신들을 구원하시려는 하나님의 사랑을 바로 알고, 스스로 출애굽을 결심하기를 기다리셨다. 그래야 여호와 하나님이 그들의 하나님이 되실 수 있었기 때문이다.

어느 날, 한 어머니가 딸의 전화를 받고 눈물을 흘렸다. 감격의 눈물이었다.

"엄마, 주님이 나를 만나 주셨어요. 이제부터 나의 하나님이에요. 엄마의 하나님이 아니라요. 엄마 때문에 교회에 가는 게 아니라 주님 때문에 갈 거예요."

> 내가 너희에게 이르노니 이와 같이 죄인 한 사람이 회개하면 하늘에서는 회개할 것 없는 의인 아흔아홉으로 말미암아 기뻐하는 것보다 더하리라 눅 15:7

한 영혼의 구원이 하늘의 기쁨일진대 온 이스라엘이 구원받기로 결단했으니 하나님이 얼마나 크게 기뻐하며 감격하셨는가.

네가 결단할 때까지 기다렸다

마지막 재앙의 경고에는 바로를 향한 말씀도 있지만, 구원의 대상인 이스라엘 백성이 유념해야 할 말씀도 있었다.

> 백성에게 말하여 사람들에게 각기 이웃들에게 은금 패물을 구하게 하라 하시더니 출 11:2

하나님은 마지막 재앙 후에 이스라엘이 많은 재물을 가지고 출애굽 하도록 하셨다. 그동안 밀렸던 임금을 다 받게 하신 것이다. 이스라엘이 처음부터 노예였던 것은 아니다. 요셉을 알지 못하는 새 왕이 일어나 애굽을 다스릴 때부터(출 1장) 노예가 되어 그 후 오랫동안 노동력을 착취당하며 살아왔던 것이다. 그래서 출애굽을 앞두고 노예 신분이 아닌, 하나님의 사람으로서 밀린 임금을 당당하게 요구하게 하신 것이다.

> 여호와께서 그 백성으로 애굽 사람의 은혜를 받게 하셨고 또 그 사람 모세는 애굽 땅에 있는 바로의 신하와 백성의 눈에 아주 위대하게 보였더라 출 11:3

하나님은 밀린 임금을 요구하게만 하시지 않고, 이스라엘 백성이 귀히 여김 받고 은혜를 입게 하셨다. 애굽 사람에게 이스라엘 백성의 요구에 응할 마음을 주신 것이다. 그동안 이스라엘 백성이 흘렸을 눈물에 대한 하나님의 보상이자 무엇보다도 약속의 성취였다.

> 내가 애굽 사람으로 이 백성에게 은혜를 입히게 할지라 너희가 나갈 때에 빈손으로 가지 아니하리니 출 3:21

여호와 하나님이 떨기나무 불꽃 가운데서 모세에게 주신 말씀이다.

> 그들이 섬기는 나라를 내가 징벌할지며 그 후에 네 자손이 큰 재물을 이끌고 나오리라 창 15:14

이것은 수백 년 전에 하나님이 아브라함에게 주셨던 약속의 말씀이다. 하나님의 약속대로 이루어지지 않은 것이 없다. 약속의 성취는 이스라엘을 부요케 하심도 있지만, 나중에 광야에서 성막을 지을 때 하나님을 섬기고 예배하는 데 필요한 것을 미리 준비하는 의미도 있었다. 하나님은 먼저 내가 부요케 되도록 축복하신 후에 헌신하게 하신다. 단순히 광야에서 먹고살기 위한 준비를 하게 하신 것이 아니다.

임금으로 받은 금은과 수많은 양은 훗날 광야에서 하나님께 제사를 드릴 때 쓰였다. 이처럼 우리에게 주시는 복에도 하나님의 원하시는 것이 미리 계산되어 있지 않겠는가. 요셉의 출세는 요셉만의 것이 아니었고, 에스더가 왕후가 된 것은 에스더만의 일이 아니었다. 나중에 사명을 이루기 위해 하나님이 준비시킨 것이었다.

돈을 번 것도, 출세를 한 것도 나중에 헌신을 받으시기 위함이다. 헌신하면 이에 따르는 축복이 있다. 하나님이 어떤 분이신지 경험하게 된다. 하나님은 광야 생활 40년을 책임져 주셨다. 광야에서 이스라엘 백성에게 만나와 메추라기를 주며, 옷과 신발이 해어지지 않도록, 먹는 것부터 입는 것까지 모든 것을 책임져 주셨다. 성막 짓는 일에 이스라엘 백성이 모든 것을 드려 헌신했기 때문이다.

이제 하나님의 때가 되었다. 경고하신 대로 죽음의 어둠이 온 애굽에 내리기 시작했다. 바로는 이스라엘 백성에게 애굽에서 나가라고 할 것이고, 이스라엘 백성은 스스로 애굽을 떠나 가나안으로의 순례 여정을 시작할 것이다. 하나님과 바로의 영적 전쟁의 마지막 그림이 펼쳐진다. 우리는 애굽에 내리시는 마지막 심판을 보게 될 것이다. 하나님을 거역해서 애굽이 겪게 될 처절함과 하나님의 백성 이스라엘이 맛볼 해방의 기쁨을 동시에 목격할 것이다. 애굽 사람들에게는 멸망의 어두운 밤이 되겠지만, 하나님의 자녀에게는 찬란한 구원을 알리는 서곡이 될 것이다.

이 모든 역사를 이스라엘이 결단하고 받아들이기까지 하나님은 인내하고 기다려 주셨다. 이제 하나님의 승리, 이스라엘의 승리가 펼쳐질 것이다.

우리에게도 이런 승리가 예비되어 있다는 사실을 믿어야 한다. 마지막 나팔 소리가 울릴 때, "아멘, 할렐루야" 노래하며 그날의 감격을 누릴 수 있어야 한다. 감격의 승리가 있기까지 성령으로 충만하여 그리스도인의 은혜와 축복을 마음껏 누리고 맛보기를 바란다.

유월절의 의미　출애굽기 12:1~4

어린 양의 피,
보혈의 예표

구약성경에는 이스라엘의 7대 절기가 소개되어 있다. 유월절, 무교절, 초실절, 오순절(칠칠절), 나팔절, 속죄일, 초막절(장막절) 등이다. 절기의 시작은 유월절인데, 유월절이 없었다면 그다음 절기들도 의미가 없다. 유월절은 애굽에서 430년 동안 노예 생활을 했던 이스라엘이 해방된 것을 기념하는 절기다. 그러므로 유월절을 잘 이해하는 것이 나머지 절기들을 성경적으로 이해하는 기준이 된다.

이스라엘이 출애굽 하기 전, 마지막 밤에 첫 유월절이 있었다. 마지막으로 행해진 장자의 죽음 재앙에서 생명 구원의 은혜를 입은 것이 바로 유월절이다. 죽음의 재앙에서 구원받기 위해서는 어린 양을 잡는 등 많은 준비를 해야 했으니 성경은 이를 '유월절 준비'라고 했다.

첫 번째 유월절, 삶과 죽음의 갈림길

유월절의 "유월"(逾越)은 영어로 "Passover", 즉 "위로 넘어가다"라는 뜻이다. 유월절 준비는 어떻게 하는가? 먼저 흠 없고 일 년 된 어린 숫양이나 염소 중 한 마리를 취하여 잡고, 온 가족이 함께 모여 도살한 어린 양의 고기를 먹고, 그 피를 집 좌우 문설주와 인방에 발라야 한다.

어린 양의 피를 바른 집은 죽음의 그늘이 밀려올 때, 그 피를 보고 그 집을 넘어갈 것이다. 이것이 바로 유월, 즉 넘어감이다. 죽을 수밖에 없는데, 넘어가심으로써 생명의 구원을 받으니 여호와의 유월절이 되는 것이다. 유월절 어린 양의 희생을 통한 생명 구원의 역사다.

출애굽의 구원 역사를 위한 마지막 재앙인 장자의 죽음 재앙이 선포되고, 재앙이 진행되는 가운데 구원이 절정에 이른다.

> 내가 그 밤에 애굽 땅에 두루 다니며 사람이나 짐승을 막론하고 애굽 땅에 있는 모든 처음 난 것을 다 치고 애굽의 모든 신을 내가 심판하리라 나는 여호와라 출 12:12

처음 난 것의 죽음이라는 큰 재앙 가운데 출애굽의 위대한 역사가 시작되었다. 430년 동안 종살이하던 이스라엘 백성이 애굽을 떠나 가나안을 향해 가는 것이다. 애굽에서의 마지막 밤이 되었다. 애굽에 속한 사람들에게 거대한 죽음의 그늘이 드리우는 그 밤에 이스라엘 백성은 하나님이 주신 명령에 따라 분주하게 움직였다. 마지막 재앙은 이스라엘과 애굽을 따로 구분하지 않고 임할 것이기 때문이다.

애굽의 마지막 밤을 상상해 보라. 그날 밤에 이스라엘 백성은 모두 감사와 찬송을 부르며 밤을 지새웠을까? 모두가 확신을 가지고 감격 가운데 밤을 보냈을까? 아마도 이스라엘 백성 모두가 초조해하며 불안한 가운데 밤을 지새웠을 것이다. 애굽 사람들에게서 곡성이 들려올 때마다 귀를 틀어막았을 것이다.

그가 누구든지, 어떤 가정이든지 장자의 죽음 재앙에서 예외가 될 수 없었다. 오직 어린 양을 잡아 그 피를 좌우 문설주에 바르고, 그 안에서 유월절 어린 양의 고기를 먹은 사람만이 재앙을 피할 수 있었다. 죽음의 재앙 가운데 펼쳐진 생명 구원의 역사는 어린 양의 희생을 통해 성취된 구속이요 구원이었다.

유월절 어린 양과 십자가

유월절에 가장 중요한 것은 어린 양의 피였다. 어린 양의 피 아래 있는 자들은 모두 안전했다. 우리를 구원하는 것은 오직 예수 그리스도의 보혈이다. 모든 사람에게 생명을 주기 위해 흘리신 보혈을 믿는 자만이 구원을 받는다. 구약의 유월절은 신약시대에 이르러 성만찬으로 완성되었고, 오늘날 우리는 떡과 포도주를 통해 유월절 어린 양의 살과 피를 먹고 마신다.

> 너희는 누룩 없는 자인데 새 덩어리가 되기 위하여 묵은 누룩을 내버리라 우리의 유월절 양 곧 그리스도께서 희생되셨느니라 고전 5:7

오늘날 택하심을 받은 성도들도 죄, 죽음, 심판의 사슬에서 해방되기 위해서는 하나님의 어린 양 예수 그리스도의 희생이 반드시 필요하다. 생명 구원을 위해 어린 양이 희생되었던 것처럼 예수 그리스도도 희생되셨다. 대속의 죽음으로 피를 흘리신 것이다.

> 율법을 따라 거의 모든 물건이 피로써 정결하게 되나니 피흘림이 없은즉 사함이 없느니라 히 9:22

구약의 유월절은 예수 그리스도를 통해 얻는 구원의 상징으로 복음적 그리스도인들에게 주어진 역사적 교훈임을 짐작할 수 있다. 유월절 양은 흠 없는 어린 양이어야 했다. 예수님도 죄가 없으셔야 했기에 동정녀의 몸을 빌려 성령으로 잉태되어 오신 것이다.

> 이 달 열나흗날까지 간직하였다가 해 질 때에 이스라엘 회중이 그 양을 잡고 출 12:6

> 첫째 달 열나흗날 저녁은 여호와의 유월절이요 레 23:5

유월절 어린 양은 첫째 달 14일에 희생 제물로서 대속의 죽임을 당했다. 그러므로 예수님이 유월절 어린 양의 실상이라면, 예수님도 이날 죽으셔야 했다. 그래야 예수님이 유월절 절기를 통해 계시된 약속의 메시아가 되는 것이다. 만약 예수님이 다른 날이나 다른 달에 죽으셨다면, 유월절 어린 양으로 예언된 실상이 아니므로 세상 죄를 지고 가는 어린 양이 될 수 없다.

하나님은 예수님이 유월절 어린 양의 실상이기 때문에 유월절 어린 양을 잡는 그 시간에 죽도록 하셨다. 오직 예수 그리스도 외에는 어느 누구도 메시아가 될 수 없음을 증명하는 것이다.

대제사장, 서기관들이 예수님을 서둘러 잡고자 하였으나 잡을 수 없었던 이유가 무엇인가?

그들이 예수를 잡고자 하나 손을 대는 자가 없으니 이는 그의 때가 아직 이르지 아니하였음이러라 요 7:30

이 말씀은 성전에서 가르치실 때에 헌금함 앞에서 하셨으나 잡는 사람이 없으니 이는 그의 때가 아직 이르지 아니하였음이러라 요 8:20

당시 제사장들은 마음만 먹으면 얼마든지 예수님을 쥐도 새도 모르게 해치울 수도 있는 권세를 가진 자들이었다. 그런데도 그들이 예수님을 잡지 못한 것은 힘이 부족해서가 아니라 예수님이 죽으실 때가 아니었기 때문이다. 예수 그리스도는 유월절 양으로 죽으셔야 하므로 하나님이 허락하지 않으셨던 것이다.

인간이 아무리 계획을 세워도 하나님은 하나님의 방식으로 그 언약을 이루어 가신다. 첫 유월절이 그랬던 것처럼, 첫째 달 14일이 되자 예수님은 적극적으로 죽음의 길을 가셨다. 하나님의 때가 이르렀으므로 로마 군병들이 자신을 잡도록 허락하신 것이다.

¹ 유월절이라 하는 무교절이 다가오매 ² 대제사장들과 서기관들이 예수를 무슨 방도로 죽일까 궁리하니 이는 그들이 백성을 두려워함이더라 눅 22:1~2

이날 유월절 어린 양으로 오신 예수님은 제자들에게 성찬식을 준비하게 하셨다. 이전과는 전혀 다른 방식으로 유월절 준비를 하게 하신 것이다. 성찬을 마친 주님이 자신을 내어 주심으로써 곧 유월절에 죽임을 당하셨다.

유대인은 유월절 양을 언제나 1월 14일 오후 3시에 잡았다. 예수님이 유월절 어린 양이 되려면 오후 3시에 운명하셨어야 했다. 만약에 예수님이 아침이나 밤중, 혹은 새벽에 죽으셨다면, 출애굽 때 유월절 양으로 계시된 메시아가 되실 수 없다. 하나님은 유월절 어린 양의 실상인 예수님을 첫 유월절 양이 죽었던 그 시간에 운명하도록 하셨다(참고, 마 27:45~50).

> 때가 제육시쯤 되어 해가 빛을 잃고 온 땅에 어둠이 임하여 제구시까지 계속하며 눅 23:44

> 예수께서 큰 소리로 불러 이르시되 아버지 내 영혼을 아버지 손에 부탁하나이다 하고 이 말씀을 하신 후 숨지시니라 눅 23:46

유대인의 시간은 지금의 우리 시간과 6시간 차이가 난다. 그러므로 지금의 시간으로 환산하면, 예수님은 오전 9시에 십자가에 달려서 6시간만인 오후 3시에 흠 없고 점 없는 어린 양으로 대속의 죽임을 당하셨다. 어린 양으로 오신 예수님이 스스로 목숨을 내어 주신 것이다. 바울은 예수님의 십자가 죽음과 부활을 성경대로 이루어진 사건으로 말한다.

> ³ 내가 받은 것을 먼저 너희에게 전하였노니 이는 성경대로 그리스도께서 우리 죄를 위하여 죽으시고 ⁴ 장사 지낸 바 되셨다가 성경대로 사흘 만에 다시 살아나사 고전 15:3~4

예수님의 십자가 죽음은 하나님의 약속을 완벽하게 성취하신 메시아의 희생이다. 예수 그리스도는 한 치의 오차도 없이 출애굽 때 유월절 어린 양으로 예언된 그 메시아이시다. 예수 그리스도 외에 누구도 메시아가 될 수 없다는 증거다. 오직 예수님만이 길이요 진리요 생명이 되신다. 출애굽의 위대한 구원 역사 가운데 시작된, 첫 유월절이 예수 그리스도 안에서 성취되었다.

우리는 모두 죄와 사망에서 유월절의 생명 구원의 은혜를 입은 것이다. 그러므로 애굽의 사망 가운데서 생명 구원의 은혜를 입게 된 유월절은 일회성이 되어선 안 된다.

> 너희는 이 일을 규례로 삼아 너희와 너희 자손이 영원히 지킬 것이니 출 12:24

하나님은 사망에서 놓여 난 출애굽의 구원 역사가 자손 대대로 지켜 기억되기를 원하셨다.

> 26 이 후에 너희의 자녀가 묻기를 이 예식이 무슨 뜻이냐 하거든 27 너희는 이르기를 이는 여호와의 유월절 제사라 여호와께서 애굽 사람에게 재앙을 내리실 때에 애굽에 있는 이스라엘 자손의 집을 넘으사 우리의 집을 구원하셨느니라 하라 하매 백성이 머리 숙여 경배하니라 출 12:26~27

유월절을 대대로 기념하라

유월절을 지킬 때 두 가지를 기억해야 한다. 하나는 애굽으로 상징되는 죄와 사망 가운데서 구원된 것이고, 또 하나는 어린 양 예수 그리스도의 희생을 통한 구원이다. 예수님은 십자가를 지기 전에 제자들과 마지막 유월절을 성만찬으로 지키셨다. 구약의 유월절을 예수님이 성만찬으로 승화시키신 것이다. 여호와의 유월절을 영원히 지키라고 하셨는데 구원받은 백성이 성찬으로 지켜 가는 것이다. 오늘날 우리가 행하는 성찬식이 바로 유월절 잔치다.

십자가의 죽음을 앞두고 첫 성찬을 베푸신 주님의 말씀은 무엇이었는가?

> 제자들이 예수께서 시키신 대로 하여 유월절을 준비하였더라
> 마 26:19

> ²⁶ 그들이 먹을 때에 예수께서 떡을 가지사 축복하시고 떼어 제자들에게 주시며 이르시되 받아서 먹으라 이것은 내 몸이니라 하시고 ²⁷ 또 잔을 가지사 감사 기도 하시고 그들에게 주시며 이르시되 너희가 다 이것을 마시라 ²⁸ 이것은 죄 사함을 얻게 하려고 많은 사람을 위하여 흘리는 바 나의 피 곧 언약의 피니라 마 26:26~28

예수님은 여느 유월절과 다른 유월절을 보내셨다. 모세가 가르쳐 준 대로 유월절을 지키려면 반드시 어린 양을 잡아야 한다. 그런데 예수님은 어린 양 대신에 떡과 포도주를 준비하게 하셨다. 그래서 예수님의 십자가를 '새 언약'이라고 한다. 새 언약이라 함은 과거의 언약이 새로운 방식으로 완성되었다는 뜻이다.

새 언약 안에서 예수님의 피와 살을 먹는 것이 유월절을 지키는 것이다. 구약의 유월절을 예수님이 성만찬으로 지키셨고, 사도들에 이어 우리가 성만찬을 행하고 있다.

바울 사도는 성만찬에 대해 어떻게 말하는가?

> ²³ 내가 너희에게 전한 것은 주께 받은 것이니 곧 주 예수께서

> 잡히시던 밤에 떡을 가지사 24 축사하시고 떼어 이르시되 이것은 너희를 위하는 내 몸이니 이것을 행하여 나를 기념하라 하시고 25 식후에 또한 그와 같이 잔을 가지시고 이르시되 이 잔은 내 피로 세운 새 언약이니 이것을 행하여 마실 때마다 나를 기념하라 하셨으니 고전 11:23~25

유월절은 대대로 성찬을 통해 지켜지게 될 것이다. 여기서 "기념하라"는 것은 "기억하라"는 의미다. 십자가에서 죽으신 예수님을 기억하여 신앙으로 고백하는 것이다. 이스라엘 백성은 출애굽 이후 해마다 유월절을 기념함으로써 과거를 현재화했다. 즉 대를 이어 유월절의 기억을 공유하며, 각자 자신의 경험으로 받아들였다.

성찬을 나누며 예수님의 보혈을 기념하고 기억하는 것도 같은 맥락이다. 우리도 성찬식을 할 때마다 죄와 사망 가운데서 건지신 구원을 기억한다. 그리고 유월절 어린 양이 되신 우리 주 예수 그리스도 십자가의 피 흘리심을 기억한다. 구원받은 그리스도인이라면 성찬 앞에서 '나는 누구인가'를 기억하며 구원의 기쁨을 되새겨야 한다. 예수님의 십자가를 관념화할 것이 아니라 현재적 사건으로 받아들여야 한다. 남의 이야기가 아니라 자신의 이야기로 받아들이라는 뜻이다.

2천 년 전, 골고다 언덕 위에 세워졌던 예수님의 십자가를 기억하는 것은 바로 오늘 나를 위해서 죽으심을 실감하기 위함이다.

그래서 예수님의 죽으심을 모르거나 믿지 못하는 상태에서 성찬을 나누는 것은 주의 몸을 범하는 죄와 같다고 말한다. 성찬의 나눔은 곧 예수님이 나의 죄를 대속하여 죽으셨음을 믿는다는 신앙고백이기 때문이다.

마지막 재앙 가운데 치른 첫 번째 유월절에서 중요한 것은, 이것이 여호와의 유월절이지 이스라엘의 유월절이 아니었다는 것이다. 여호와의 유월절이란 '여호와를 위한 유월절'이라는 뜻이다. 즉, 하나님 자신을 위하여 유월절을 행하셨다는 것이다.

왜 하나님은 마지막 죽음의 재앙 가운데서 어린 양을 희생하여 이스라엘을 구출하셔야만 했을까? 아브라함에게 하신 약속이 있었기 때문이다. 일방적인 은혜의 언약을 주신 하나님이 그것을 성취해 나가시는 것이다. 다시 말해, 유월절은 하나님이 스스로 하신 약속을 지키기 위한 구원 역사다. 그래서 여호와의 유월절이라고 한다.

이스라엘은 유월절 어린 양의 피를 믿음으로써 구원 역사에 동참했다. 어린 양을 잡아 그 피를 좌우 문설주에 바름으로써 죽음이 넘어가게 한다는 구원의 원리를 하나님이 가르쳐 주셨다. 그리스도인은 첫 번째 유월절 이야기에서 예수 그리스도를 발견하고, 구원의 원리를 볼 수 있어야 한다.

첫 유월절에 어린 양이 이스라엘의 장자 대신 죽임을 당했다. 예수 그리스도의 희생도 마찬가지 의미였다. 그리고 유월절 어린 양의 피는 사망에서 구원받게 될 집의 좌우 문설주와 인방에 발라야 했다. 죄와 사망에서 우리를 건지신 구원도 바로 피 흘림의 희생을 통해 이루어진 것이다.

이스라엘은 하나님의 택한 백성이지만 애굽에서 해방되기 위하여 '어린 양의 희생'을 필요로 했다. 오늘의 택함 받은 구원의 백성도 죄와 사망의 심판에서 해방되기 위해서는 어린 양 되신 예수 그리스도의 희생을 필요로 한다. 이를 위하여 예수님이 이 땅에 오셨다.

> 이튿날 요한이 예수께서 자기에게 나아오심을 보고 이르되 보라 세상 죄를 지고 가는 하나님의 어린 양이로다 요 1:29

세례 요한은 영의 눈이 열려 예수님을 "세상 죄를 지고 가는 하나님의 어린 양"으로 볼 수 있었으며 이것을 제자들에게 선포했다.

우리 그리스도인들도 유월절에서 예수 그리스도를 만나고 구원의 원리를 볼 수 있어야 한다. 유월절에서 예수 그리스도를 발견하지 못한다면, 유월절은 그저 이스라엘 민족의 많은 절기 중 하나가 되고 말 것이다.

구원받은 그리스도인이라면
성찬 앞에서 '나는 누구인가'를 기억하며
구원의 기쁨을 되새겨야 한다.
예수님의 십자가를 관념화할 것이 아니라
현재적 사건으로 받아들여야 한다.

유월절의 영성 출애굽기 12:5~14

유월절에 담긴 계시를 보라

출애굽의 구원 역사를 기념하는 유월절은 단순한 절기가 아니다. 하나님의 계시가 담겨 있기 때문이다. 계시란 하나님이 자신을 나타내신다는 뜻이다. 하나님이 자신을 계시해 주시지 않으면 사람은 하나님을 알 도리가 없다. 하나님이 자신을 나타내 주셔야 우리는 하나님을 만날 수 있으며 비로소 알 수 있다. 하나님의 계시 중 최고는 바로 성경이다.

우리는 성경을 통해 하나님을 만나고 하나님을 알아간다. 우리가 믿는 것은 성경이 아니라 성경이 전하는 말씀이다. 성경 말씀을 통해 주시는 계시를 알지 못한다면 성경을 백 번, 천 번 읽어도 아무 소용없다. 말씀에서 예수 그리스도를 만나지 못하고, 구원의 원리를 발견하지 못한다면 아무리 성경을 많이 읽고 달달 외운다고 해도 성경을 안다고 할 수 없다.

이것이 유대인들이 토라를 달달 외워도 복음을 모를 수밖에 없는 이유다. 성경의 내용은 알아도 그것이 전하는 참뜻을 모르니 복음을 알 리 만무하다. 말씀을 삶의 기준이나 모범 정도로 이해하는 유대인들에게는 성경보다 탈무드가 더 가치 있게 느껴질 것이다.

> 너희가 성경에서 영생을 얻는 줄 생각하고 성경을 연구하거니와 이 성경이 곧 내게 대하여 증언하는 것이니라 요 5:39

> 내가 하나님의 아들의 이름을 믿는 너희에게 이것을 쓰는 것은 너희로 하여금 너희에게 영생이 있음을 알게 하려 함이라 요일 5:13

유대인들도 구원과 영생을 얻기 위해 성경을 연구했다. 구원은 성경 기록의 목적이기도 하다. 그러나 하나님은 이들을 향해 안타까움을 나타내셨다.

> 그러나 너희가 영생을 얻기 위하여 내게 오기를 원하지 아니하는도다 요 5:40

유대인이 성경을 아무리 깊이 연구해도, 그들이 말하는 영생은 하나님이 말씀하시는 영생과는 다르다. 그들이 기다리는 메시아도 성경이 말하는 메시아와 다르다. 예수 그리스도를 외면하니 성경대로 믿는다고 할 수 없다.

바울은 유대인들을 향해 이렇게 안타까워했다.

> 14 그러나 그들의 마음이 완고하여 오늘까지도 구약을 읽을 때에 그 수건이 벗겨지지 아니하고 있으니 그 수건은 그리스도 안에서 없어질 것이라 15 오늘까지 모세의 글을 읽을 때에 수건이 그 마음을 덮었도다 16 그러나 언제든지 주께로 돌아가면 그 수건이 벗겨지리라 고후 3:14~16

유월절 어린 양의 조건

그렇다면 성경이 전하는 계시란 무엇인가? 기록된 말씀인 성경에서 반드시 봐야 할 것이 무엇인가? 하나님이신 예수 그리스도를 만나야 하고, 예수 그리스도로 말미암은 구원과 영생을 볼 수 있어야 한다. 예수 그리스도를 만나지 못한 사람은 성경의 계시를 깨달아 알 수 없다. 유월절에 담긴 계시를 통해 예수 그리스도를 만나고, 구원의 원리를 볼 수 있어야 한다.

첫 번째 유월절이 어떻게 지켜졌는지는 출애굽기 12장에 잘 기록되어 있다. 유월절에서 어린 양이 가장 중요한데, 그 조건이 무엇인가?

> 너희 어린 양은 흠 없고 일 년 된 수컷으로 하되 양이나 염소 중에서 취하고 출 12:5

유월절 어린 양은 흠 없고 일 년 된 수컷으로 그달 14일까지 잘 간직하였다가 해 질 때에 잡아야 했다. 조금이라도 흠이 있는 것은 부적합하여 선택되지 않았다. 장자의 생명을 지키기 위해 희생되는 어린 양이기 때문이다. 즉 유월절 어린 양은 이스라엘의 장자를 대신하여 죽임을 당하는 것이다.

예수 그리스도를 예표하는 유월절 어린 양은 두 가지 조건을 충족해야 했다. 첫째, 흠이 없어야 한다. 둘째, 장자로서 피를 흘려야 한다. 흠이 없는 장자여야만 효력이 있다는 뜻이다.

그런데 세상에 흠이 없으면서 죄도 없는 장자가 과연 존재할까? 인간 중에 죄 없는 자가 있던가?

> 모든 사람이 죄를 범하였으매 하나님의 영광에 이르지 못하

더니 롬 3:23

하나님이 성령으로 잉태되어 사람의 몸을 입고 오셔야만 했던 이유를 알겠는가? 죄 없이 오셔야 했기에 성령으로 잉태되었고, 흠 없는 어린 양으로 피 흘려 죽어야 했기에 사람의 몸을 입고 오신 것이다. 하나님은 영이시라 피를 흘릴 수 없으니 사람의 몸을 입고 오셨다. "자기 백성을 그들의 죄에서 구원할 자"(마 1:21)로 오셨으니 그 이름이 바로 예수다.

베드로는, 우리가 "대속함을 받은 것은 은이나 금 같이 없어질 것으로 된 것이 아니요"(벧전 1:18)라고 밝히며 다음과 같이 말했다.

> 오직 흠 없고 점 없는 어린 양 같은 그리스도의 보배로운 피로 된 것이니라 벧전 1:19

바울 사도는 히브리서에서 예수 그리스도의 죄 없음을 말했다.

> 하물며 영원하신 성령으로 말미암아 흠 없는 자기를 하나님께 드린 그리스도의 피가 어찌 너희 양심을 죽은 행실에서 깨끗하게 하고 살아 계신 하나님을 섬기게 하지 못하겠느냐 히 9:14

예수님을 죽이는 데 앞장선 사람들은 어떤 말을 했는가? 먼저 꿈속에서 예수님을 보게 된 빌라도의 아내가 한 말을 살펴보고, 예수님을 십자가에 못 박으라고 이스라엘 백성에게 내준 빌라도의 고백을 들어보자.

> 총독이 재판석에 앉았을 때에 그의 아내가 사람을 보내어 이르되 저 옳은 사람에게 아무 상관도 하지 마옵소서 오늘 꿈에 내가 그 사람으로 인하여 애를 많이 태웠나이다 하더라 마 27:19

> 빌라도가 대제사장들과 무리에게 이르되 내가 보니 이 사람에게 죄가 없도다 하니 눅 23:4

하나님의 어린 양이신 예수 그리스도는 "흠 없고 점 없는" 순결한 분이셨다. 성경은 곳곳에서 예수님을 죄 없이 오신 분으로 증거한다. 예수 그리스도는 대속의 죽음으로 구원을 이룬 메시아이시다.

유월절 어린 양의 조건 중 두 번째는 장자로서 죽어야 한다는 것이다. 따라서 예수 그리스도도 죄 없는 장자로 오셔야 했다. 성경이 이를 증거하지 않으면, 예수님은 유월절 어린 양의 실상이 아니므로 전 세계 그리스도인이 거짓 메시아를 믿는 셈이 된다.

바울 사도는 그리스도를 맏아들, 첫 열매로 증거한다.

> 하나님이 미리 아신 자들을 또한 그 아들의 형상을 본받게 하기 위하여 미리 정하셨으니 이는 그로 많은 형제 중에서 맏아들이 되게 하려 하심이니라 롬 8:29

> 그러나 각각 자기 차례대로 되리니 먼저는 첫 열매인 그리스도요 다음에는 그가 강림하실 때에 그리스도에게 속한 자요 고전 15:23

유월절 구원의 은혜

유월절은 사람의 생각을 초월하는 엄청난 축복이다. 유월절 이전과 이후가 완전히 다르다. 유월절 어린 양의 피로 출애굽의 구원 역사를 경험한 이스라엘은 새로운 시대를 맞이했다. 어린 양의 피로 새로 태어났으니 애굽에서 사용하던 달력 대신에 새로운 달력을 주신 것이다. 즉 그들은 이제 애굽에 속한 노예가 아니라 어린 양의 희생으로써 하나님의 백성으로 새롭게 거듭났다. 이전과는 전혀 다른, 구원의 은혜를 입은 사람으로 새로 출발하는 것이다.

> 이 달을 너희에게 달의 시작 곧 해의 첫 달이 되게 하고 출 12:2

> 아빕월을 지켜 네 하나님 여호와께 유월절을 행하라 이는 아빕월에 네 하나님 여호와께서 밤에 너를 애굽에서 인도하여 내셨음이라 신 16:1

아빕월은 새로운 시작의 달, 즉 1월이다. 하나님이 구원하신 백성으로서 새해를 맞이하여 나이를 새로 먹기 시작한 것이다. 특히 위의 신명기 말씀을 보면, 이스라엘 백성을 향해 "너희를"이라 하지 않고 "너를"이라고 하셨다. 구원이란 집단적이면서도 지극히 개인적인 것이기 때문이다.

구원의 은혜를 개인적으로 받아들인 사람은 영적으로 새롭게 시작하게 된다. 어린 양 되신 예수 그리스도의 은혜를 믿음으로 받아들이면서 근본적으로 새롭게 변화하는 것이다. 애굽이라는 세상에 속한 사람에서 예수 그리스도의 사람으로, 땅에 속한 사람에서 하늘에 속한 사람으로, 육에 속한 사람에서 영에 속한 사람으로, 죄와 사망에서 의와 생명의 구원으로 옮기고 변화하는 것이다.

> 그런즉 누구든지 그리스도 안에 있으면 새로운 피조물이라 이전 것은 지나갔으니 보라 새 것이 되었도다 고후 5:17

유월절 구원의 은혜를 입은 나는 이전의 내가 아니라 예수님 안에서 새로운 내가 된다. 더는 옛사람, 옛날의 나로서 살 수 없다.

바울 사도의 고백을 보자.

> 내가 그리스도와 함께 십자가에 못 박혔나니 그런즉 이제는 내가 사는 것이 아니요 오직 내 안에 그리스도께서 사시는 것이라 이제 내가 육체 가운데 사는 것은 나를 사랑하사 나를 위하여 자기 자신을 버리신 하나님의 아들을 믿는 믿음 안에서 사는 것이라 갈 2:20

은혜를 깨달은 성도 중에 많은 이들이 예수님을 만난 날을 새로운 시작점으로, 그날을 새로운 생일로 정하기도 한다. 구원의 은혜를 입고 새 생명을 얻었으니 새로 태어난 것이나 다름없다. 예수 그리스도가 역사 가운데 들어오심으로써 BC와 AD로 나뉘었다. 예수 그리스도가 오시니 개인의 삶도 '이전의 나'와 '이후의 나'로 나뉜 것이다.

믿음 안에서 유월절에 참여하면 예나 지금이나 엄청난 축복이 있다. 유월절 어린 양의 희생을 통해 사망에서 생명으로 옮겨졌다. 양의 피를 좌우 문설주에 바르고, 그 고기를 가족이 함께 나눠 먹는 작은 순종으로 엄청난 구원의 은혜를 누리게 될 줄 누가 알았겠는가? 오늘을 살아가는 우리도 때로 그냥 기도하고, 그냥 예배하고, 그냥 믿는 것 같다. 구원이 주는 것이 별것 없다 싶을 때도 있다.

세상의 눈으로 보면 사실 믿음이 어리석어 보이기도 한다. 그런데 그 어리석고 미련하게 보이는 '믿음의 순종'이 생명을 살린다. 다른 사람의 생명이 아니라 내 생명과 내 가족의 생명을 살리는 것이다. 첫 번째 유월절은 온 가족이 함께 지켰고, 이웃과 함께했다. 유월절 구원의 역사는 "함께함"으로써 이룰 수 있었다.

하나님은 당신의 가족 중에, 이웃 중의 한 사람이라도 멸망하지 않기를 바라신다. 유월절의 완성인 성만찬에서 가장 큰 명령이 무엇인가? 하나는 "기념하라"는 것이고, 또 하나는 "주의 죽으심을 전하라는 것"이다.

부모는 자녀에게 구원의 은혜를 전하여 가르쳐야 한다. 첫 유월절에 담긴 사명이 오늘날 성만찬에도 담겨 있다. 유월절은 생명 구원의 역사를 기억하는 날이면서 동시에 사명자로서의 다짐을 함께 드리는 날이었다.

성찬을 받는 성도에게 맡겨진 최고의 사명을 성경은 이렇게 말한다.

> 너희가 이 떡을 먹으며 이 잔을 마실 때마다 주의 죽으심을 그가 오실 때까지 전하는 것이니라 고전 11:26

유월절 어린 양의 희생으로 말미암고, 예수 그리스도 보혈의 은혜로 말미암은 구원의 은혜를 마음껏 전하자. 세상이 미련하게 보는 전도를 통해서 주님의 죽으심의 은혜를 전하자.

그리스도인의 삶은 나그네 삶

이제 유월절에 담긴 영성에 대해 알아보자. 첫 번째 유월절에 동참한 사람들의 모습이 복음적 그리스도인의 모형이 된다. 유월절 구원의 은혜는 보혈의 은혜와 능력을 믿음으로써 받을 수 있다.

출애굽 하기 전에 마지막으로 닥친 장자의 죽음 재앙에는 '그가 누구인가, 어디에 속한 사람인가'라는 기준이 통하지 않았다. 오직 '어린 양의 피' 아래 있느냐 아니냐가 문제였다. 그 아래 있어야만 구원의 은혜를 입을 수 있었다. 자기를 대신하여 죽임당한 어린 양의 고기를 먹고, 그 피를 문설주에 바른 사람만 죽음을 피하고 생명 구원의 역사를 경험했다.

이것은 오늘날도 마찬가지다. 참 구원의 보증은 '나의 의'가 아닌 '그리스도의 보혈'뿐이다. 예수님의 살과 피를 믿음으로 먹고 믿음으로 바르는 것만이 구원의 조건이다.

> 53 예수께서 이르시되 내가 진실로 진실로 너희에게 이르노니 인자의 살을 먹지 아니하고 인자의 피를 마시지 아니하면 너희 속에 생명이 없느니라 54 내 살을 먹고 내 피를 마시는 자는 영생을 가졌고 마지막 날에 내가 그를 다시 살리리니 55 내 살은 참된 양식이요 내 피는 참된 음료로다 요 6:53~55

그리스도의 보혈만이 참 구원의 보증이 된다. 복음적 그리스도인은 보혈의 은혜 아래 사는 사람들이다. 그러므로 복음적 그리스도인에게 최고의 찬송은 보혈의 찬송이다.

유월절 구원의 은혜를 입은 사람들은 무교병과 쓴 나물을 먹었다.

> 8 그 밤에 그 고기를 불에 구워 무교병과 쓴 나물과 아울러 먹되 9 날것으로나 물에 삶아서 먹지 말고 머리와 다리와 내장을 다 불에 구워 먹고 출 12:8~9

무교병은 아무것도 섞지 않은 떡이다. 그래서 사람이 원하는 맛이 들어있지 않다. 아무 맛도 없다. 아무것도 섞지 않은 떡은 '거룩'을 상징한다. 유월절에 참여하여 구원의 은혜를 입은 사람의 삶은 이러해야 한다. 출애굽 구원의 은혜를 입은 이스라엘 백성의 삶이 무교병처럼 순전해야 한다는 것이다.

구원받은 성도의 무교병 같은 삶은 사실 재미가 없다. 물도 없고, 길도 없는 광야의 삶에 무슨 재미가 있었겠는가? 그러므로 재미를 추구하는 사람은 출애굽 할 이유도, 예수를 믿어야 할 이유도 없다. 그리스도인의 삶은 재미를 추구하는 삶이 아니라 진리를 따르고 거룩을 추구하는 삶이다. 거룩과 함께 은혜를 추구하면서 살아간다. 세상 재미를 추구하면 애굽에 마음을 빼앗기게 된다. 애굽에서 나왔으면 애굽의 삶을 완전히 정리해야 한다.

세상과의 관계에 대한 바울의 고백을 보자.

> 그러나 내게는 우리 주 예수 그리스도의 십자가 외에 결코 자랑할 것이 없으니 그리스도로 말미암아 세상이 나를 대하여 십자가에 못 박히고 내가 또한 세상을 대하여 그러하니라
> 갈 6:14

유월절 음식 중에는 쓴 나물도 있다. 무교병도 맛이 없는데 쓴 나물까지 먹으라는 것이다. 출애굽 구원의 은혜를 입은 이스라엘이 앞으로 가게 될 '가나안 여정'의 삶을 상징한다. 애굽을 떠나 40년간 머물게 될 광야의 삶은 쓴 나물을 먹는 것처럼 쉽지 않을 것이다. 출애굽에 들떠 있는 이스라엘이 마음에 담아야 할 말씀이다.

오늘날 구원받은 성도의 삶은 무교병과 쓴 나물을 먹는 것 같은 신앙의 여정일 수 있다. 특별히 목회 사역이 그러하고, 하나님의 일들이 그렇다. 그러므로 사역의 여정은 눈물 없이 못 가는 길이요 보혈 없이는 갈 수 없는 길이다.

더 넓은 길, 더 편안한 길을 택하지 말고, 힘들면 힘든 대로 감당해 나가야 한다. 구원받은 백성의 삶은 좁은 문을 열고, 좁은 길을 걸어야 살아진다.

쓴 나물을 잘 먹는 성도가 돼야 한다. 참 신앙은 영적 소화력으로 가늠된다. 삶에서 마주치는 감옥이나 사자 굴을 수용할 수 있어

야 한다. 사역의 쓴 나물을 먹다가 소화 불량을 일으키면 안 된다. 특별히 말씀의 쓴 나물을 잘 소화할 능력이 필요하다. 약이 될 것으로 믿고 꿀꺽 먹어야 한다.

유월절 영성에서 보면, 구원받은 그리스도인의 삶은 언제나 나그네의 삶이다. 급하게 어딘가로 떠나는 여행객의 모습이요 정처 없이 다니는 나그네의 모습이다.

> 너희는 그것을 이렇게 먹을지니 허리에 띠를 띠고 발에 신을 신고 손에 지팡이를 잡고 급히 먹으라 이것이 여호와의 유월절이니라 출 12:11

그리스도인에게 진정한 소망은 이 땅이 아닌 하늘나라에 있기 때문이다. 천국 시민권을 가진 사람이고, 보물을 하늘에 쌓으며 살아가는 사람이다. 우리는 천국으로 가는 노정을 나그네의 영성으로 살아야 한다.

나그네 된 성도는 영적 무장을 어떻게 해야 하는가? 허리에 띠를 띠고, 발에 신을 신고, 손에 지팡이를 잡고 유월절 음식을 먹듯 해야 한다. 마지막 때, 우리는 진리의 허리띠를 띠고 있어야 한다. 오직 진리 안에서 발에 신을 신은 채로 유월절 음식을 먹어야 한다. 이것이 애굽을 떠나는 자의 모습이다.

애굽은 그리스도인의 삶의 터전이 아니다. 애굽에서 완전히 떠나야 한다. 새 신을 신고 출발하는 것이다. 애굽에서 떠나 나그네로, 순례자로서 광야를 통과하여 약속의 땅으로 들어가야 한다. 유월절 음식을 "급히 먹으라"는 것은 복음 앞에서 망설이지 말라는 뜻이다.

> 너희는 이 날을 기념하여 여호와의 절기를 삼아 영원한 규례로 대대로 지킬지니라 출 12:14

> 너희는 이 일을 규례로 삼아 너희와 너희 자손이 영원히 지킬 것이니 출 12:24

보혈의 울타리 안으로 초대하라

유월절 규례는 주님이 다시 오실 때까지 대대로 지켜야 할 구원의 역사다. 오늘날 그리스도인들은 영적 옷매무새를 고쳐야 한다. 목적지가 분명한 나그네요 순례자로서 살아야 한다. 인생의 쓴 나물과 무교병을 먹으며 살겠다고 다짐해야 한다.

애굽 사람들이 장자의 죽음을 맞이하던 그 밤에, 다른 한쪽에서는 위대한 구원의 역사가 펼쳐졌다. 유월절 어린 양의 희생으로 말미암은 구원 역사였다.

예수 그리스도를 예표하는 어린 양의 고기를 먹고, 그 피를 문설주에 바름으로써 믿음을 나타내 보인 사람에게만 가능한 구원이다. 애굽에서의 마지막 밤, 장자의 죽음으로 온 애굽에 곡성이 가득했던 그 밤에 이스라엘은 유월절 구원의 은혜를 경험했다.

첫 번째 유월절이 감격스러운 것은 예수 그리스도를 예표하기 때문이다. 유월절 어린 양으로 오신 예수 그리스도를 보고, 세례 요한은 감격에 차서 "보라, 세상 죄를 지고 가는 하나님의 어린 양이로다" 하고 외쳤다. 더 큰 감격은 예수님이 짊어지고 대신 속하여 주신 죄들 가운데 세례 요한의 죄와 함께 나의 죄도 있다는 사실이다.

예수님이 오시기 700년 전에 선지자 이사야가 외쳤던 소리를 들어보라.

> 그가 찔림은 우리의 허물 때문이요 그가 상함은 우리의 죄악 때문이라 그가 징계를 받으므로 우리는 평화를 누리고 그가 채찍에 맞으므로 우리는 나음을 받았도다 사 53:5

어린 양 되신 예수 그리스도가 흘리신 보혈 아래 우리가 살아간다. 보혈의 능력 안으로 사람들을 초대하는 것이 바로 전도다. 그들을 초대하여 복음이 주는 축복을 깨닫게 하고, 함께 구원의 백성이 되게 하는 것이다. 보혈의 은혜와 능력을 확신하는 가운데 사람들을 초대하는 것이다.

가나안의 믿음 출애굽기 12:37~42

하나님의 백성이여, 가나안으로 들어가라

유월절 이야기에서 우리는 예수 그리스도를 만나고, 구원의 원리를 발견해야 한다. 유월절뿐 아니라 성경의 모든 구절에서 예수 그리스도를 보지 못하고, 구원의 원리를 깨닫지 못했다면 성경을 읽어도 알지 못하는 것이다. 엄청난 구원의 진리와 복음을 깨달으면 그는 이 땅에서 나그네의 영성으로 살게 된다. 살아야 하는 이유, 울어야 하는 이유, 용서해야 하는 이유가 달라진다. 천국 시민권을 가진 자로서 영원한 하나님의 나라를 마음에 품고 살아가게 되기 때문이다. 복음적 그리스도인에게 진정한 소망은 이 땅에 없다.

마지막이 시작이 되리라

이스라엘 백성의 유월절 준비가 마무리되자 장자의 죽음 재앙이 시작되었다. 애굽 전역에 임한 재앙에 대해 성경은 이렇게 기록하고 있다.

> 29 밤중에 여호와께서 애굽 땅에서 모든 처음 난 것 곧 왕위에 앉은 바로의 장자로부터 옥에 갇힌 사람의 장자까지와 가축의 처음 난 것을 다 치시매 30 그 밤에 바로와 그 모든 신하와 모든 애굽 사람이 일어나고 애굽에 큰 부르짖음이 있었으니 이는 그 나라에 죽임을 당하지 아니한 집이 하나도 없었음이었더라 출 12:29~30

경고하셨던 대로 온 애굽에 엄청난 죽음의 재앙이 일어났다. 사망의 그늘이 밀려오던, 첫 번째 유월절 밤에 생명 구원의 역사가 일어났다. 어린 양의 피가 없는 곳에는 사망이, 말씀에 순종하여 어린 양의 피를 바른 곳에는 생명이 있었다. 애굽 사람들에게는 무서운 심판의 밤이었지만, 이스라엘 백성에게는 구원 역사가 시작되는 찬란한 밤이었다.

마지막 재앙, 장자의 죽음은 애굽에 속한 사람이나 가축들에게만 내려지지 않았다. 재앙의 기준이 애굽이냐 이스라엘이냐가 아니었기 때문이다. 사망과 생명이 나뉘는 구원의 기준은 '어린 양의 피 아래 있느냐 없느냐'였다. 애굽 사람이라도 하나님의 말씀에 순종하여 어린 양의 피를 좌우 문설주와 인방에 발랐다면 구원의 은혜를 입었을 것이다.

회개의 기회를 많이 주었음에도 불구하고 끝까지 완악했던 바로와 애굽에 사망이 임한 것이다. 죽음의 경고와 생명 구원의 기회 앞에 아마도 '설마, 설마' 했을 것이다. 이것은 마지막 때에 주님이 재림하실 때도 마찬가지일 것이다.

> 아들을 믿는 자에게는 영생이 있고 아들에게 순종하지 아니하는 자는 영생을 보지 못하고 도리어 하나님의 진노가 그 위에 머물러 있느니라 요 3:36

자기가 사는 세상이 영원할 줄 알고, 하나님의 경고를 가볍게 듣는 사람은 대가를 치러야 할 것이다. 애굽에서의 마지막 밤처럼 마지막 때에 엄청난 심판이 있을 것이다. 하나님의 구속을 기다리는 성도들은 영광 가운데 재림하시는 주님을 맞이할 것이다.

세상과 과학이 뭐라 주장하든 사망과 생명을 가르는 구원의 기준은 오직 예수 그리스도 한 분뿐이시다. 구원의 다른 기준은 있을 수 없다. 진리를 알지 못하는 사람이나 세상에 속한 사람들은 말도 안 되는 이야기라고 할 테지만 이것은 엄연한 사실이다.

> 십자가의 도가 멸망하는 자들에게는 미련한 것이요 구원을 받는 우리에게는 하나님의 능력이라 고전 1:18

세상은 구원의 도를 늘 미련하게 본다. 마지막 장자의 죽음이라는 재앙의 현실 앞에서 바로는 이스라엘 백성에게 서둘러 떠나라고 했다.

> 31 밤에 바로가 모세와 아론을 불러서 이르되 너희와 이스라엘 자손은 일어나 내 백성 가운데에서 떠나 너희의 말대로 가서 여호와를 섬기며 32 너희가 말한 대로 너희 양과 너희 소도 몰아가고 나를 위하여 축복하라 하며 출 12:31~32

그동안 타협안을 제시하며 하나님의 백성을 붙잡아 두려고 했던 바로가 이제는 자신이 서둘러 보내려고 한다. 양과 소도 다 가져가라고 한다. 그러면서 자신을 축복해 달라고 하는데, 이스라엘 백성이 누구인지를 이제야 알게 된 것이다. 그들은 바로의 소유가 아니었다.

주님의 재림 날에도 그러할 것이다. 하나님의 백성은 세상에서 빌빌거리는 것처럼 보일지라도 하나님께 구별된 사람들이다. 하나님이 소유권을 주장하시는 날에 세상 모든 권세자들은 손을 들고 말 것이다.

오직 믿음으로 갈 수 있는 길

애굽에서의 마지막 밤을 보낸 이스라엘은 힘차게 라암셋을 출발한다. 인류 역사상 가장 위대한 구원의 여정이 시작된 것이다. 성경은 출애굽 한 사람 중에 장정이 60만 명이라고 하는데, 학자들은 전체 인원이 200만 명쯤 되었을 것이라고 말한다. 이스라엘이 애굽에 들어온 지 430년 만에 약속의 땅으로 대이동을 시작한 것이다. 처음 올 적에는 70명이었는데, 200만 명이 되어 약속의 땅으로 돌아간다. 가족으로 왔다가 민족을 이루어 약속의 땅으로 가는 것이다.

선택의 여지 없이 노예로 살았던 시간이 430년이다. 그 긴 시간 동안 이스라엘은 애굽에 착취당하며 살았다. 하나님의 백성이면서도 하나님을 옛이야기로만 듣고 살았다. 그런데 이제 약속의 말씀대로 애굽을 떠나고 있는 것이다.

일찍이 하나님이 아브라함과 언약을 맺으시면서 주신 말씀이 있다.

¹³ 여호와께서 아브람에게 이르시되 너는 반드시 알라 네 자손이 이방에서 객이 되어 그들을 섬기겠고 그들은 사백 년 동안 네 자손을 괴롭히리니 ¹⁴ 그들이 섬기는 나라를 내가 징벌할지며 그 후에 네 자손이 큰 재물을 이끌고 나오리라
창 15:13~14

예언된 말씀을 읽으면서 놀라는 것은 출애굽이 어쩌다 생긴 사건이 아니라는 사실이다. 출애굽 역사만이 아니라 하나님의 허락 없이 이루어지는 역사란 없다. 결국은 말씀대로 되는 것이다. 모든 상황 가운데 주의 말씀을 굳게 붙잡아야 하는 이유가 여기에 있다.

예언된 말씀대로 출애굽 하는 이스라엘 백성은 200만 명 정도였다. 그런데 이들은 그야말로 갈 바를 모른 채 발걸음을 옮겼다. 목적지가 약속의 땅 가나안인 것은 알았지만 어느 방향으로 어떻게 가야 할지 모른 채 오직 믿음으로 출발했다. 특별히 무엇을 먹고, 마시고, 입어야 할지도 몰랐다. 가진 것은 오직 믿음 하나뿐이었다.

하지만 그들이 출애굽의 여정을 미리 알고 계산하여 계획했더라면 아마 시작도 못 해 보고 포기했을 것이다. 분명한 것은 출애굽의 구원 역사를 위해 하나님이 싸우셨다는 것이다. 이스라엘이 오직 하나님을 믿고 출애굽을 결정하여 힘차게 출발한 것이다. 세상에 속한 사람들이 보기에는 정말 대책이 없어 보였을 것이다. 지

금도 믿음으로 사는 사람은 세상 사람들이 보기에 그렇게 보인다. 예레미야 선지자는 하나님을 어떻게 표현하는지 보라.

> 일을 행하시는 여호와, 그것을 만들며 성취하시는 여호와, 그의 이름을 여호와라 하는 이가 이와 같이 이르시도다 렘 33:2

오직 믿음으로 출발한 이스라엘을 위해 하나님은 모든 것을 준비해 주셨다. 갈 바를 알지 못한 채 출발한 그들을 위해 예비하신 구름 기둥과 불 기둥으로 그들을 인도하셨다. 이스라엘 백성이 가나안에 도착할 때까지 계속해서 인도해 주셨다. 또한 40년간 그들이 옷과 신발이 해어지지 않도록 보호해 주셨다.

> 여호와께서 그들 앞에서 가시며 낮에는 구름 기둥으로 그들의 길을 인도하시고 밤에는 불 기둥을 그들에게 비추사 낮이나 밤이나 진행하게 하시니 출 13:21

> 주께서 사십 년 동안 너희를 광야에서 인도하게 하셨거니와 너희 몸의 옷이 낡아지지 아니하였고 너희 발의 신이 해어지지 아니하였으며 신 29:5

광야에서 200만 명이 먹을 음식을 날마다 어떻게 조달했을까?

그것도 40년 동안이나···.

> 사람이 사는 땅에 이르기까지 이스라엘 자손이 사십 년 동안 만나를 먹었으니 곧 가나안 땅 접경에 이르기까지 그들이 만나를 먹었더라 출 16:35

그들은 식량을 미처 준비하지 못한 채로 오직 믿음만 가지고 애굽을 출발했다. 하나님은 그들의 믿음대로 축복하사 모든 것을 공급하며 지켜 주셨다. 이스라엘 백성 200만 명은 험한 광야에서 하나님의 보호하심을 받았다.

그들을 책임져 주셨던 하나님의 말씀이 있다. 오늘날 복음으로 사는 그리스도인들에게 주신 말씀이다.

> 31 그러므로 염려하여 이르기를 무엇을 먹을까 무엇을 마실까 무엇을 입을까 하지 말라 32 이는 다 이방인들이 구하는 것이라 너희 하늘 아버지께서 이 모든 것이 너희에게 있어야 할 줄을 아시느니라 33 그런즉 너희는 먼저 그의 나라와 그의 의를 구하라 그리하면 이 모든 것을 너희에게 더하시리라 마 6:31~33

출애굽 한 이스라엘 백성이 준비한 것은 딱 하나였다. 하나님을 예배하고자 하는 마음, 하나님 앞에 헌신하고자 하는 마음이었다.

요단강을 건너 가나안으로 들어가라

출애굽 역사의 목적은 단순히 애굽에서 핍박받으며 살아온 430년 노예 생활을 끝내는 것에 있지 않았다. 이스라엘 백성의 순례 여정은 애굽에서 430년, 광야에서 40년을 보낸 후에 가나안으로 들어가는 것이었다.

이스라엘 백성에게는 애굽과 광야 중 어디가 더 힘들었을까? 그들이 광야 생활 40년을 마치고 가나안에 들어가 정복 전쟁을 시작했을 때, 광야와 가나안 중 어디가 더 힘들었을까? 어디나 다 힘들었을 것이다. 애굽이나 광야나 고난을 끝내는 것이 목적이라면 출애굽은 사실 의미가 없다. 인생에서 영적 의미를 빼 버리면 무의미해지는 일들이 많다. 애굽, 광야, 가나안 정복이 다 힘들기만 하다면 굳이 출애굽 할 필요가 있었겠는가?

이스라엘은 출애굽 해야 했다. 가나안 정복도 해야 했다. 오늘의 영성으로 정리하자면, 애굽의 삶은 먹고살기 위한 것이었다. 하루하루 생명을 연장하는 것이 목적인 노예의 삶이었다. 출애굽 한 이후에 광야에서의 삶은 어떠했는가? 홍해의 기적을 체험했는데도 겨우 믿음이나 지키는 정도의 삶이었다. 가나안의 삶은 애굽과 광야보다 더 힘들 수도 있지만 하나님 나라 확장을 위한 사명의 삶이었다.

복음적인 그리스도인이 이 땅을 살아가면서 품어야 할 영성이 있다. 우리 삶의 목적이 그저 먹고사는 것, 겨우 믿음 지키는 차원에 만족하지 않고 하나님 나라 확장을 위해 헌신하는 삶을 사는 것이어야 한다. 출애굽의 구원 역사를 철저하게 영적으로 이해해야 한다.

출애굽의 구원 역사의 완성은 출애굽 자체에 있지 않다. 애굽을 떠나는 것으로 만족해서는 안 된다는 뜻이다. 출애굽은 홍해를 건너는 것으로 완성되었고, 이후 광야 생활이 시작되었다.

홍해를 출애굽이 완성된 곳으로 보는 이유는, 홍해가 보혈의 바다이기 때문이다. 모든 구원의 역사는 보혈의 은혜다. 그러나 복음적 그리스도인은 보혈의 바다를 예표하는 홍해를 건너는 것으로 만족해서는 안 된다. 출애굽했다고 해서 약속의 땅 가나안에 저절로 도착하는 것이 아니기 때문이다.

출애굽한 이스라엘 백성은 광야에서 순종 훈련을 받아야 했다. 이를테면, 40년간 구름 기둥과 불 기둥의 인도를 따라 장막을 수없이 옮기며 순종하는 훈련을 했다. 광야에서 신앙 훈련 중에 버려야 할 것은 원망과 불평이었다. 구름 기둥과 불 기둥의 기이한 인도를 경험하고, 하늘에서 내린 만나를 먹고, 옷과 신발이 해지지 않는 축복 가운데 온갖 기적을 다 봤으면서도 이스라엘 백성은 힘들어지면 바로 모세를 원망하며 불평을 늘어놓았다. 차라리 애굽으로 돌아가겠다고 말하니, 그들의 믿음 없음이 신기할 따름이다.

광야에서 그들은 안타깝게도 약속의 땅 가나안을 꿈꾸기보다 노예로 살았던 애굽에 마음을 더 빼앗겼다. 그 이유가 무엇인가? 자신이 누구인지 정체성이 확립되지 않았기 때문이다. 자신들은 애굽과 상관없어야 한다는 것을 알지 못했다. 자기가 누구이며, 원망과 불평이나 하며 살 사람이 아닌 것을 깨닫는 데까지 40년이나 걸렸다. '나는 무엇으로 사는 사람이어야 하는가?' 애굽에서 나왔으니 새로운 음식을 먹어야 할 사람이었다.

가나안으로 들어가기 위해서는 요단 강을 건너야 한다. 요단 강을 건넘으로써 약속의 땅 가나안으로의 입성이 완성되는 것이다.

성경에 등장하는 요단 강의 의미는 죽음의 강이다. "며칠 후 며칠 후 요단 강 건너가 만나리…"(새찬송가 606장)이라는 찬송도 있지 않은가. 가나안의 영성은 죽음을 뛰어넘는 영성이요 천국의 영성이다.

분명하게 정리할 것은 홍해는 오직 은혜로 건넜지만, 요단 강은 믿음으로 건너야 한다는 것이다. 하나님은 출애굽 한 이스라엘 백성에게 홍해를 갈라 길을 내어 은혜로 건너게 하셨지만, 가나안 입구에 넘실대는 요단 강은 믿음으로 건너라고 말씀하셨다.

세 가지 믿음 중 나는 어떤 믿음인가?

믿음에는 세 가지 종류가 있다. 첫째, 애굽에 속한 믿음이다. 하나님을 알고 그분이 택한 백성이란 사실도 알지만 애굽을 뿌리칠 능력이 없는 경우다. 둘째, 광야에 속한 믿음이다. 몸은 가나안을 향해 가면서도 마음은 애굽을 향하는 사람이다. 그래서 고난에 부딪히면 원망과 불평이 앞선다. 셋째, 가나안에 속한 믿음이다. 그에게 원망이나 불평 따위는 없다. 고난 앞에서도 문제 삼지 않고 믿음을 표현하는 사람이다.

당신의 믿음은 애굽, 광야, 가나안 중 어디에 머물러 있는가? 우리는 가나안의 믿음, 가나안의 영성으로 살아야 한다. 가나안에는 사명이 있다. 가나안을 정복하여 하나님 나라를 확장하는 일이다.

이제 출애굽 역사에 담긴 계시를 묵상하면서 지금까지 살펴본 열 가지 재앙을 마무리하려고 한다.

출애굽의 구원 역사는 하나님이 모세를 애굽으로 보내시면서 시작되었다. 하나님은 "나는 입이 뻣뻣하고 혀가 둔한 자니이다. 오 주여, 보낼 만한 자를 보내소서" 하며 거절의 간청을 하는 모세를 설득하셨다. "애굽에 가서 430년간 노예로 살아온 내 백성을 구하여 가나안으로 인도하라"는 하나님의 명령을 받은 모세를 통해 출애굽의 위대한 구원 역사가 시작된 것이다.

모세가 보내심을 받은 구원의 대상자는 어떤 사람들이었는가? 애굽에서 노예로 살고 있지만 알고 보면 하나님의 백성인 사람들이었다. 그들은 하나님의 언약 백성이다. 비록 지금은 애굽에 매여 있지만 모세에게 전도를 받아 약속의 땅으로 가야 할 사람들이었다.

전도는 세상에서 하나님의 백성을 찾아 하나님께로 인도하는 것이다. 출애굽의 구원 역사는 오늘날 전도라는 이름으로 계속되고 있다.

오늘도 하나님은 모세를 보내시듯 당신을 애굽이라는 세상 속으로 보내신다. 세상에서 사람들은 다들 자기 의지대로 사는 듯 보인다. 하지만 실상을 보면 세상의 노예로 살아가고 있다. 전도는 그들에게 복음을 전하여 자유롭게 하는 것이다. 당신이 알고 있는 사람 중에 지옥에 가도 될 사람은 없다.

출애굽의 위대한 역사를 이루셨던 하나님이 오늘도 우리 삶 가운데 출애굽의 역사를 일으키신다. 이것을 위해 하나님이 사람의 몸을 입고 오셨다. 자기 백성을 그들의 죄에서 구원하신 예수님의 사랑이 오늘도 전도를 통해 사람들에게 전해지면서 날마다 생명 구원의 역사, 출애굽의 역사를 일으키고 있다.

우리는 전도를 통해 출애굽의 구원 역사를 계속 이어 가야 한다. 그날이 올 때까지….

> 보내심을 받지 아니하였으면 어찌 전파하리요 기록된 바 아름답도다 좋은 소식을 전하는 자들의 발이여 함과 같으니라
> 롬 10:15

지혜 있는 자는 궁창의 빛과 같이 빛날 것이요 많은 사람을 옳은 데로 돌아오게 한 자는 별과 같이 영원토록 빛나리라

단 12:3